ひとりで生きちゃう武闘派女子が
頼って甘えて幸せになる
50のトレーニング

根本裕幸

小学館

はじめに

女性の社会進出が当たり前になってきたのはここ20、30年くらいでしょうか。まだまだ男女平等とは言えない日本社会ですが、それでも社会の中で活躍する女性が増えてきたことは確かだと思います。

私は2000年にカウンセラーとしてデビューしましたので、ちょうどそうした社会の動きと連動してみなさまのお話を伺ってきたとも言えます。

そんな中でそれまでの女性のイメージとは異なる「自立的な女性」に出会う機会が顕著に増えていきました。

男性社会の中でたくましく、強く、頭角を現していく女性たち。

男性に頼るのではなく、精神的にも経済的にも自立を目指す女性たち。

自分から積極的に行動し、仕事でも恋愛でも成果を挙げていく女性たち。

夫に養ってもらうのではなく、夫婦平等で自分の食い扶持《ぶち》は自分で稼ぐ女性たち。

時には男性と戦いながら、その持てる情熱をフルに発揮して道を切り拓いていくかっこいい女性たち。

彼女たちは情に厚く、面倒見がよかったり、感受性が豊かだったり、誰かのために頑張ってしまう、豊かな女性性を持ちながら、男性社会に飛び込んでいくのです。

その一方で、そんな彼女たちゆえに多くのものを背負いすぎて余裕を失っていたり、一人で頑張りすぎて燃え尽きたり、勝ち負けにこだわりすぎて周りを信じられなくなったり、強くなりすぎて弱さを出せなくなったり、自分のことを後回しにして心身を傷つけていたり、自分の魅力や価値を全然受け取れなくて、すごいことを成し遂げているのに全然それに気づいていなかったり。

そういう女性たちと接するうちに「自立系武闘派女子」という言葉が私の脳裏に浮かぶようになりました。

すると、「私も武闘派女子です!」「ここに書いてあるのは全部私のことです!」という声が相次ぐようになり、いつしか私のブログはそんな女性たちのためのサイトになり、私自身も自立系武闘派女子の研究者みたいになっていきました。

彼女たちは女性としてのみならず、人としてもとても魅力的なのですぐに幸せになれそうなのですが、その生き方の手本となる人たちが少ないものですから、頑張っているのに報われなかったり、その頑張りが空回りしたり、社会の仕組みの中でもがいている姿を拝見してきました。

したがって私は彼女たちがどうすれば幸せになれるのか?そのためには何をしたらいいの

か？をずっと考え、提案し続けることになりました。

そうして、作り上げたのが、今回の50のトレーニングです。ちょっと頑張るのをお休みするために、やってみてほしいことです。すべてやる必要はありません。簡単なことから始めて、いくつかクリアしていくと、いつしか肩の力がぬけていることに気づくと思います。

武闘派というとガンガン積極的に攻め入るイメージがありますが、中にはそうした情熱を内に秘めて、じっと息をひそめてその時を待っている「後方待機部隊」の存在にも気づきました。（第2章の卯月《うづき》さん）

彼女たちはふだんは自分からは動かず、決めることも選ぶことも苦手で、ただ周りに合わせてばかりいて、そんな自分に嫌悪しているのですが、いざとなれば怒濤《どとう》のごとき行動力を発揮する女子たちです。

もちろん、自分から行動的に「他人に負けたくない」という強い気持ちを持ち、男たちをなぎ倒しながら生きている武闘派中の武闘派もいれば（第3章の紅緒《べにお》さん）、仕事をバリバリこなしながら家庭との両立を目論《もくろ》むスーパーウーマン（第1章の芽依《めい》さん）もいます。

そんな女性たちのあるあるなお話を3つの物語に紡いだものが本書です。

本書を手に取ってくださった方はきっとそれぞれの物語の中に「今の自分」を見つけることができるのではないでしょうか。
ぜひ、主人公と共に「自分らしい幸せ」を見つけていただけたら幸いです。

根本裕幸

目次

第3章

男たちをなぎ倒しながら生きる武闘派中の武闘派

第1章

仕事と家庭との両立を目論む スーパーウーマン
井長芽依さんのストーリー

3月5日

負けちゃいけない。

井長芽依《いちょうめい》はコロナ明けで出社回数は増やされたものの、週に3、4日は在宅で仕事をこなすことが許されている。ただ、一日中、家にいてパソコンとにらめっこをしていても息が詰まるのでランチタイムにはできるだけ外の空気を吸うようにしている。

この日も12時を過ぎてあり合わせの食事をしたのち、自宅マンションからすぐ近くの喫茶店に顔を出し、温かいコーヒーを飲みながらふーっと大きく息をした。

ずっと「負けちゃいけない」と思って頑張ってきた。

出産後もすぐに戦列に復帰するつもりだったが、保育園入園のシステムに足止めを食らってしまい、悶々とした1年を過ごすことになった時は大きなショックだった。しかし、すぐに気持ちを切り替えて、育児の合間にリスキリングして、いくつか仕事に役に立ちそうな資格をとった。

昨年ようやく子どもを預けることができ、職場に復帰した。それまでのマイナスを取り戻すべくバリバリと仕事をこなしている。初めは時短勤務だったが夫が育児に協力的なのと、早く第一線に復帰したくて半年も経たないうちに希望してフルタイムにしてもらった。ワーママだからと言って他の社員に負けたくないし、子育てだって専業主婦のママたちに負けたくない、そんな思いで頑張っている。

子どもの頃からまじめで頑張り屋だったのも確かだが、母がやり手のバリキャリで、仕事も家事も完璧にこなすスーパーウーマンだった。そんな母に認められたい、褒められたいという気持ちが強く、勉強もスポーツも家の手伝いも完璧にこなせるよう努力してきた。

元々察しが良く、頭も良かった芽依に母もあれやこれやを頼むようになり、家族からは第2の母と呼ばれるしっかり者の長女になった。成績も優秀だったため、いわゆるエリート路線を突き進み、就職先の大企業でも同期は当然、先輩をも食う勢いで仕事に励んできた。

そんな仕事人間の自分が数年のキャリアと引き換えに出産・育児をするのは不安にもなったが、幸い先輩には出産後もキャリア路線を突っ走る方々がいてくれたので安心した。

なにせ子育てだってちゃんとしたいのだ。出産準備中から育児書を読み漁り、様々な教育方法を研究した。産む前から胎教音楽にこだわって、離乳食もきちんと自炊することを決めていたほどだ。

夫とは4年前に結婚した。

学生時代から知っていた人で、6、7年前に飲み会で再会した。とても優しくて、口数が少なく、穏やかな人柄に惹かれた。ひとつのことをコツコツ続けていくことができる人で、安定した企業でエンジニアとしてきちんと仕事をしている。

それまでの恋愛は、いつも自分なりに負担をかけまいと、一人でできることを自分でやっていたら「君は僕がいなくても大丈夫だよね」と言って相手が去っていくのが常だった。だまって一緒にいてくれる、夫とのお付き合いは癒されるものでもあった。

とはいえ、やはり少し頼りない。あれこれお願いするとやってくれるけど、自主性に乏しい。長所は短所になるとはよく言ったものだ。

今どきの男性らしく育児や家事も文句を言わずにやってくれる。芽依が残業になった時や会社で飲み会がある時は進んで娘の相手をしてくれる。そのクオリティに不満がないわけではないけれど、いい夫と結ばれたと思っている。

3月8日　東南アジアのトラック!?

元々年度末までにまとめなければいけない企画を何本も抱えていたところへ、昨日、後輩君が大きめなミスをしてくれたので、そのリカバリーに奔走することになってしまった。ピンチになると燃える性質《たち》なのだが、さすがに今の時期はきつい。スケジュールの見直しや調整を朝からやっていてイライラしてきたので、気分転換に外に出ようと思った。

コーヒーでも飲みながら頭を冷やそう。心を落ち着かせてこれからのことを考えよう。

芽依は元々は紅茶派だったが、この喫茶店で軽めのオリジナルブレンドに出会ってから、いつもそれをオーダーするようになった。

手帳を眺めながら思わずため息が漏れたらしい。表情も曇っていたのかもしれない。

「だいぶお忙しいんですね。」

寡黙なマスターが珍しく話しかけてきた。

「え?あ、そう見えますか?ちょっと昨日も仕事でトラブルが起きちゃって……。」

なぜか話し出したら止まらなくなった。

仕事のことだけでなく、反抗期に入ってきた娘の育児が大変になってきたこと、夫も手伝ってくれるけど任せっきりにはできないので頑張らなきゃいけないことなども勢いづいて話してしまった。

マスターは表情を変えるわけでもなく、ただ淡々と話を聞いてくれた。

少し冷めてしまったコーヒーを口にすると、マスターが、

「コーヒー、淹《い》れなおしましょうか？お代はけっこうですので。」

と語りかけてくれた。なんでもない一言なのにその優しい言葉になぜか心がホッとしてしまった。もちろん、平静を保ったけれど、こんな風に人の優しさに触れたのは久しぶりのような気がした。夫も職場の人も優しいけれど、彼らは「同志」であって「ライバル」でもある。だから、全然関係ない第三者のマスターの言葉が芽依の心を直撃したのかもしれない。

「だいぶ頑張り過ぎみたいですけど、容量オーバーになっていませんか？ほら、東南アジアの荷物満載したトラックみたいに。」

その言葉を聞いて想像してしまった。舗装されていない山道を荷物だけでなく人もいっぱい乗せてよれよれと走るトラックを。

思わずぷっと吹き出しそうになるのをこらえながら、「え？私が？」と驚いた顔をしてしまった。


まさか、そんなはずはないよね。

もっと頑張れるはずだし、もっとうまくできるはずだし、もっと結果を出せるはずだ。

この程度で弱音を吐くわけにはいかない。


でも、妙にマスターの言葉が心に引っかかった。

「そんないっぱいいっぱいに見えます？」

「ここ最近、ちょっと疲れていらっしゃるようにお見受けしまして少し気になっていました。お忙しいのだろうな、と。」

「そんな風に見ていただいてたなんてびっくりです。すいません。でも、まだまだやらなきゃいけないことはいっぱいあって、頑張らなきゃいけないんです。」

全然自分とは関係ない人に心配をかけてしまった自分が情けなくなり、また、そんな余裕のない表情をしていた自分にも腹が立って「お代わりはけっこうです。仕事に戻ります」と言って芽依は席を立とうとした。

が、なぜか体が動かない。力が抜けてしまったような感じで、ゾッとした。

するとマスターがにこっと笑って言う。

「やはり少し荷物を軽くなさった方がいいかもしれませんね。あれやこれやとひとりで抱え込みすぎてはいませんか？」

口調は変わらず穏やかで表情も温和なままだが、さっきよりも言葉に力がこもっているような気がした。

「でも、どうしたらいいんでしょう?仕事も家事も育児もやらなきゃいけないことがいっぱいなんです。」

芽依は自分の口調が少し弱くなっていることに気づいていた。ほんとうはもう余裕がないことにどこかで気づいていたのかもしれない。後輩君がトラブルを起こさなくてもすでに積載重量をオーバーしていたのかもしれない、と思った。

「じゃあ、例えば、こんな風に考えてみてはどうでしょうか?」

Training 1 仕事を仕分けしてみる

「絶対自分じゃなきゃダメな仕事と、自分じゃなくても大丈夫な仕事を仕分けてみるんです。**芽依さんのような自立系武闘派女子は生粋《きっすい》の頑張り屋さんであり、子どもの頃から培った『競争心』も強いものです。だから、周りの人たちをライバルにして『勝つ』ことを目指し、そうして自信をつけながら、実績を積み重ねている方が多いのです。**周りから見れば姐《あね》御肌《ごはだ》であり、昔から同級生のみならず先生や先輩からも頼られることが多かったと思います。

そうすると仕事にしても家事・育児にしても『自分がなんとかしなければ』という意識が

強くなりまして、様々な業務を抱え込むことになるでしょう。しかも、心がいっぱいになっていても誰かに頼ることもできませんし、その発想すらないものです。

そもそも誰かに頼ろうにも今まで勝ち続けてきたおかげで頼れる人は周りにはおりません。仮に思い当たる人がいたとしても『頼るのは負け』ですし、『敵に弱みを見せること』になりますから、むしろ余計に強がってひとりでなんとかしようとしてしまうことが多いでしょう。

その内面には誰かに頼ったり、任せたりすることで今のポジションを失うのでは？今まで自分を評価してくれた人たちを失望させるのでは？という恐れが隠れているものです。

それゆえ、気がつけば『積載重量オーバーのトラック』になってしまい、何かのタイミングで崩れそうになってしまうのです。

だから、その荷物を下ろす、ということが課題になります。

自分が抱えている業務を見返してみると『自分じゃなきゃダメ』と思っていたものが案外そうでもないことに気づくでしょう。ある方はその見直しでなんと4割もの作業をなくすことができたそうです。

『絶対自分じゃなきゃダメなもの』『自分がやった方がいいもの』、そして、『自分じゃなくてもいいもの』に仕事を仕分けしてみてください。実際にその作業を振る相手がすぐに見つからなくても、それだけで気分が軽くなることもありますので。」

マスターの話を聞いて芽依は反射的に「難しい……」と思ってしまったが、その言葉は心にずしっとくる。

確かに仕事量も多いし、家事・育児も自分がやらねばと抱え込んでいる。とはいえ、仕事量が多すぎると上司に交渉するなど、そんな甘ったれたことはできない、と思ってしまう。だから、とりあえず仕分けだけでもやってみようか……でも、その時間をどう捻出しよう？と再び考えてしまった。

そんな迷いに気づいたかどうか分からないがマスターは芽依に新しいコーヒーを出しながら追い打ちをかけるように新たな提案をしてきた。

「それとですね、そんな方は何事にも全力になってしまうものですからね。お勧めしてることがあるんですよ。」

Training 2

1日1サボりのススメ

「仕事でも家事でも育児でも何かひとつ〝意識的に〟サボってみるのです。

芽依さんに限らず、自立系武闘派女子の皆さんは『頑張っている自分が好き』ですね。そして、頑張ってる自分に価値を感じています。だから、頑張らない自分は嫌いだし、価値がなくなると思っていらっしゃるんです。

そのせいで常に心が緊張している状態なのです。

『まずはこれを片付けなければ』『これをしたら次はあれをしなければ』と常に思考が動いていて、中には『寝てる間も夢の中で仕事してた』という方もいらっしゃるくらいです。

もちろん、自分なりに休んでいるつもりかもしれませんが、長く緊張状態にあるとそれが通常になってしまい、思考が常に動いていることに気づけなくなってしまうものです。

いわば、常に『張っている』状態ですから、『緩む』ことが大切なのです。

とはいえ、この状態では到底緩むことは難しいですね。それこそ体調を崩す以外には。

だから、敢えて『サボる』ということをやってみるのです。

一日一善ではなく、1日1サボり、です。」

＊

「いやいや家事とか育児とか旦那に任せてサボりまくってますよ。仕事だって後輩に振ってやってもらってますし。」

「そう思いますよね。でも、基本的に頑張り屋さんだから意識的にサボる、つまり、やらないということを選択してみるんです。」

「それってなんだか罪悪感覚えちゃいますね。」

「ええ、そうですよね。頑張り屋さんは皆さん、そうおっしゃいます。ほんとそれだけ頑張ってるのだからその必要はないんですよ。」

「そうなんですよねー。なんかそういうマイナスなこと、ついダメだと思っちゃうんですよ。でも、確かにいつも気を張ってるとミスしたりしますよね。先日、私もミーティングの予定をすっかり忘れてて上司に怒られる前にびっくりされちゃいました。」

そう言いながら芽依は少なからず心が軽くなっていることに気づいた。

新たに淹れてくれたコーヒーをすすりながらマスターはカウンセラーなのか？などと思ってしまった。

「おいしいです。お代はちゃんと払いますから！でも、マスターってカウンセラーなんですか？なんか心が軽くなってるんです。」

「いやいや私は単なるコーヒー屋ですよ。でも、他人とこうして話すだけで心って軽くなるみたいですね。話を聞いてもらうだけで全然違うんですよね。ついでに、頑張り屋さんが楽になる方法がもうひとつあるんですけど知りたいですか？旦那さんもいい人だし、職場の人たちも優しいならこういう方法もありかな、と思うんです。」

寡黙《かもく》だと思っていたマスターが今日は不思議と饒舌《じょうぜつ》だ。お客さんとも一言二言言葉を交わす程度でこんなに話し込んでいるのは見たことがない。そういえば、私のほかに誰もお客さんがいない。もうそろそろ昼時になろうとしているのに。

Training 3

1日1回弱音を吐いてみる

「『できない』『いやだ』『無理』『しんどい』の中から最低ひとつを1日1回言ってみるんです。自立している人たちは脊髄反射並みに抵抗を覚えるはずです。

どの言葉も子どもの頃から口にするのを自分に禁止してきたものではないでしょうか？

できないと思う自分を叱咤《しった》し、できる！と自分を励ましてこられたと思います。頼まれごとを『いやだ』と断れば信頼を失うような気がしてますし、頼られたのでしたらそれに応えたいと思ってしまうんです。

『無理』なんて口が裂けても言えませんよね。そこで『あいつはその程度だ』なんて思われたら最悪ですから。

『しんどい』のは誰でも同じ。みんなしんどい。自分だけがしんどいわけじゃない。

そんな風に思って生きてきたのではないでしょうか？でも、それは心から見れば自分に鞭を入れる行為になります。元気な時に『頑張ろう！』と思うならいいのですが、常に自分に鞭を入れていたら誰でもバテてしまうでしょう。

だからこそ、緩む、抜く、ということがとても大切なのですが、自立していればいるほどふつうには難しいものです。だから、〝敢えて〟強めの課題に取り組むことが効果的なのです。


弱音を吐くなんて自分らしくないし、自分らしくなくなってしまうという恐れも覚えるかもしれませんが、だからこそ、敢えて弱くなってみることをお勧めしたいのです。

ピーンと張ったゴムも張り続けたら使い物にならなくなるように、時には意識して緩めることが必要なのです。


『誰かに伝える』ということが難しいのであれば、鏡に映る自分に向かって言ってもいいでしょう。声に出す、ということがとても大切なのです。」

「あははははー。それはすごく抵抗ありますよ。『できない』なんて言ったら負けたような気がしちゃうし、『いやだ』なんてワガママでしょう？『無理』かどうかなんてやってみなきゃ分からないじゃないですか。」

そう言いながらも、マスターの言葉が心に刺さっていることを芽依は自覚していた。

「これも抜くことのひとつですね。でもね、心の中ではいつも思っていませんか？こんなの無理だよ、できないよ、って。けれど、そこで、頑張らなきゃ！って気合を入れてると思うんです。だから、その気持ちに素直になるだけでいいんですよ。まあ、宿題だと思ってやってみてください。」

宿題とか言われると俄然やる気になってしまうサガである。

すでに誰に言おうか考え始めている。同僚はないなあ、上司は……うーん。難しい。じゃあ、夫か。でも、すぐに夫の困った顔が目に浮かぶ。

その時、ハッと思いついた。思いついたら行動が早いのも自立系武闘派女子である。

「マスター、私、しんどいです。もう無理です。頑張れません。」

3月12日 不義理非人情!?

芽依はここ数日、少し魂が抜けたように、ぼーっとしながら過ごしていた。マスターに弱音を吐いたら思わず涙があふれそうになり、必死にこらえながら店を出た。


ほんとうはしんどかったんだ。

もう限界だったんだ。

もう頑張れないんだ。いや、頑張りたくないんだ。


頭の中ではそんな言葉がぐるぐるとめぐっていた。その後、どのように家に帰ったのか記憶もあいまいで、どうやらそのままベッドに倒れ込んで寝てしまっていたようだ。

そこから数日間、ずっとその言葉が頭の中を回り続けた。

仕事はなんとかこなしているが、あまり身が入らず、ひどい疲れを感じていた。

出社予定だったが在宅勤務に切り替えてもらい、家事や娘のことも夫に頼んでぼーっとしていた。夫はそんな妻を見たことがなかったからか心配そうに「病院行く？」と聞いてきた。「ううん、大丈夫。ちょっと忙しくて疲れてるみたい。ありがとう」と答えたが、その回答もふだんと違うようで戸惑っているようだった。

頭があまり働かない中でも来年度の計画を立てる時期でもあるので、抱えている仕事を仕分けしてみようと思った。

いくつか自分の担当業務を書き出していくうちに「これ、別に私じゃなくてもいいよな」というものが思っていた以上にあることに気づいた。最後には、半分ほどが「自分じゃなくてもいい仕事」であり、「誰かに任せても大丈夫な仕事」であることが分かってしまった。

その結果は少なからずショックだった。

同時に、肩の力がすーっと抜けていくのも感じた。

「別に自分じゃなくてもいいのか」と思わず呟《つぶや》いたらまたどっと疲れが来た。

こんなにも疲れているのだろうか？

そんな調子だったので「1日1サボり」どころか、3サボりくらいしながら過ごしていた。もちろん、何をサボるかはその時の状況を見てだったが、実際に手を抜いても全く仕事に差し支えがないことにも気づいてしまった。

それも少なからずショックだった。

家でランチを済ませたあと、少し重たい体を引きずってコーヒーを飲みに行くことにした。

「この3日間、ほんと大変でした。」

「どうかなさったんですか？」

「マスターに弱音を吐いてから緊張の糸がぷつっと切れたみたいに何も頑張れなくなってしまって。体もだるいし、やる気も起きないし、なんとかやるべきことだけやってあとはサボりまくってます。」

「それくらい無理をなさってたってことでしょうか？」

「そうみたい。ずっと体に鞭を打って頑張ってきたことが分かってしまったんですよね。そう、仕分けをしてみたんです。そしたら半分くらいが自分じゃなくてもいい仕事でした。こんなにも抱え込んでいたんだって自分にあきれるくらいで。でも、自分がやらねば！自分じゃなきゃ！って思い込んでいたんですよ。バカみたいだな、と思って。それからすっかりやる気が出ないんです。」

「それはしんどかったでしょう。そういう状態を抱え込み症候群っていうんですよね。」

「聞いたことはあったけど、まさか自分がそれに当てはまるとは思ってもみませんでした。ほんと、自分ではちゃんとケアをしてるつもりだったんです。夫に子どもを見てもらってマッサージやエステに行ったり、出社日は帰りにカフェでお茶する時間を作ったり。でも、心には無頓着だったたって気づいたんです。職場でも時々心を病んで休職する方もいるんです。

でも、私は大丈夫！って思い込んでいました。反省です。」

「早く気づいて良かったんじゃないでしょうか。それならばまたひとつご提案させてください。」

Training 4
明日できることは明日やる習慣を身に付ける

「抱え込み症候群に陥るとさらに何かを抱え込もうとする癖も生まれます。十分仕事を抱えているのに他人の仕事を手伝おうとしたり、スケジュールを埋めるために仕事を創り出したりしてしまうのです。

そんな中でも『明日やればいい仕事』を『今日やっておけば明日楽になるから』と理由をつけて今日やろうとすることは、抱え込み症候群の人にとってはよくあることではないでしょうか？

もちろん、明日になれば『明後日やればいい仕事』を同じ理由でやってしまうので、このループは延々と続き、決して『楽』になることはありません。

だから、その悪い流れを断ち切るためにも『明日できることは明日やる』という意識を習慣づけしたいものです。それで何も困ることはありませんから。」

「確かに。私なんて来週やればいい仕事を今日やってることがあるかもしれません。」

「それはすごいですね。」

「でも、なんかしていないとサボっているような気がするし、周りの人が頑張っているのを見ると、負けたくない！と思って無理やり仕事作ってしまいますよね。」

「その負けたくない！って気持ちは自分に無理をさせてしまいますね。」

「確かにそうですね。頑張ってる自分のことは決して嫌いではないですけど、負けたくない一心で頑張るのってなんか違いますよね。」

「そうですね。自分を見失ってしまいますしね。そういう状態を『他人軸』っていうんですよ。」

「他人軸？自分じゃなくて他人が中心になっている、ということですか？」

「ええ、そうです。誰かに負けたくないって思っている時は自分のことは無視してその相手ばかりを見てしまうでしょう？自分よりも他人を優先することを他人軸っていうんです。」

「でも、自己犠牲っていうのは美徳で、誰かのために頑張るのも良いことですよね？私、子どもの頃からずっと誰かのために、って思ってきた気がします。」

「ええ、自分が元気であれば全然問題ないと思いますよ。けれど、自分の気持ちを顧みずに相手ばかりを見ていると自分が辛くなっていても気づけなくなりますね。」

「私は自分は大丈夫と思ってたから結果的に自分のことを放置してしまってたんですね。それで、こんなにもしんどくて、頑張れないってことに今まで気づなかったんですね。」

「ええ、そうですね。だから、まず自分にお伺いを立てるように意識なさってみるといいですよ。そのお仕事を引き受けても大丈夫かどうかをまず自分に確認するんです。」

「それはしたことなかったです。売られた喧嘩は買う主義ですから。でも、なんかそれだと人に対して冷たくなってしまう、というか、自分勝手になりそうな気がしますね。」

「それでしたら芽依さんのような方が他人軸から自分軸に移行できるおまじないをひとつご紹介しましょうか。」

Training 5 不義理非人情を座右の銘とし、鬼になる

「人の気持ちを考えられる人。
人のために頑張るのが好きな人。

頼まれごとは断れない人。

周りの期待に応えて生きてきた人。

負けん気が強く、よく言えば向上心が強い人。

体が丈夫で、少々の無理には耐えられる人。


そんな方々はついつい自分を無視して他人軸になってしまいがちです。そうすると『しんどいよ、頑張れないよ。いっぱいいっぱいだよ』という心の声に気づけず、自分に無理をさせてしまうのです。そこで他人軸を手放して、自分軸に移行する必要があるのですが、長年の習慣からすぐには切り替えられません。

だから、『不義理非人情』を実践するくらいでちょうどいいですし、他人から『鬼』と言われるくらいの態度を取るくらいでちょうどバランスが取れるものです。

今日一日『不義理非人情』を試してみてください。少なくとも今までの自分が抱え込んでいたモノに気づくと思います。」


「なんか怖いお兄さんたちの話みたいですね。逆に勇気出そうな気がします。」

芽依は自分の中で「不義理非人情」と何度も呟いてみた。「それでいいのか」となんかまた気が楽になるような気がした。

「なんでこうなっちゃったんだろう？」

心の中で呟いたつもりが思わず声に出てしまったようだ。

子どもの頃からずっと頑張ってきたと思う。

母は仕事も家事も子育ても完璧にこなすスーパーウーマンだった。

愛情深いがゆえにとても厳しく、多くを期待されたし、芽依もそれに応えようと一生懸命だった。

母のことが大好きだったんだろうと思う。

だからこそ、「母に認められたい」とずっと願ってきた。

でも、学年で優秀な成績を取っても、有名大学に入っても、なかなか母は芽依を認めてくれなかった。

だから「まだまだ頑張りが足りない」とずっと思っていたし、「もっと頑張らなければ」と自分に言い聞かせてきた。

元々負けず嫌いだと記憶するが、育つにつれそれがさらに強化されたのかもしれない。

だから、知らず知らずのうちに自分を酷使するようになってしまっていたのだ。

「ちょっとドキッとする質問しましょうか？」

唐突にマスターに話しかけられて、それだけで芽依はドキッとした。

このマスター、何者か知らないけれどとんでもないことを言い出すから覚悟せねば。そう思って芽依は彼の言葉を待った。

Training
6
あなたは誰と戦ってるの？

芽依は反射的に「母」だと思った。

いや、母だけではない。３つ下の妹にもライバル心を燃やしていたし、同級生たちにも負けたくなかった。入社してからは、同期はもちろん、先輩や上司とも戦ってきたと思う。夫は……敵ではない。むしろ、初めから戦う必要のない相手を配偶者に選んだような気もする。

そう思うと芽依はげんなりするしかなかった。

自分はずっと誰かと戦い続けてきたことに気づいたからだ。

誰かを敵に見立て、その敵に勝利することをずっと目指してきたのだ。

目をつぶると、荒れ果てた戦場のイメージが浮かんだ。自分が生きてきた世界はそこなのか、と。

幸せになりたいし、成功したいし、豊かになりたいと思って頑張ってきた。頑張った先は天国みたいな場所で、平和で安全で安心して暮らせる世界だと思っていた。

またガクッと力が抜けてしまった。


「私はみんなと戦い続けてきたみたいです。」

「しかも、なかなかの勝率なのでしょう?」

「ええ、そうかもしれません。ほとんど無敗じゃないかしら?あ、でも、唯一、母にだけは勝てなかったな。あーあ、なんか平和のために戦争するみたいなバカなことをしてきたような気がします。どうしたらいいんでしょう?」

「それではとっておきの方法を伝授しますので帰ったらやってみてくださいね。」

そう言うとマスターはメモ用紙にさらさらと何かを書き、折りたたんで渡してくれた。

「家に帰ってから開いてください」と言いながら。


気がつけば昼休みはとっくに終わっていた。在宅勤務の管理体制が厳しくなっているが、まあ、適当になんとかなるだろう、と気楽に考えている芽依がいた。

今までそんなふうに考えることはほとんどなかった。

仕事で昼休みを削ることはあっても、自主的に増やすことなどしたことはなかったのだ。

しかし、マスターのコーヒーを飲むたびに脱力していく芽依はそのことにまだ気づいていなかった。

お会計を済ませて店を出る時、今日もまたほかのお客さんが誰もいないことには気づいたが。

3月12日 あなたは誰と戦ってきたの？

「私は誰と戦ってきたのか？」

頭の中をその質問が再びめぐり始めた。

母に認められたい、母に自分を認めさせたい、そんな思いでずっと頑張ってきたと思う。母もバリキャリでなんでもやってしまう仕事人間だった。母は憧れであり、目標であった。だから、母の期待にはすべて応えたいと思っていたし、母に頼られるような存在になりたいとも思っていた。

父は自由人で、優しかったがどこか遠い人だった。母の陰に隠れて好き勝手していた人だと思う。

妹はそんな父に似たんだと思う。母に怒られてもケロッとしていたし、勉強も私ほど頑張らなかった。そして、大学を卒業すると海外に飛び立ってしまった。

結婚し、子どもを産んでからも、やはり他の母親や家庭と張り合っている自分がいる。子どもにはしっかりした教育を与えたいと思って習い事もさせているし、お受験だって考えている。共働きだけど寂しい思いは絶対にさせたくないから、娘が保育園から帰ってきたらいつも一緒に遊ぶようにしている。寝かしつけは残業があってもできるだけ自分がするようにしている。

しかし、そこでも母が脳裏をよぎる。果たして私は母のように完璧にできているのだろうか、と。

ふと思い出してマスターが渡してくれたメモを開いた。そして、芽依は目を見開いた。

Training 7

布団をかぶって「誰か助けて!」と叫んでみる

え?そんなことできるわけないじゃん。する必要もないじゃん。なんでそんなことしなきゃいけないわけ?助けなんて求めないし、そんな恥ずかしいことできるわけもない。無理無理無理無理。

思わずそのメモを丸めて捨てようとした。しかし、その文字はしっかり目に焼き付いてしまっている。

「助けてって叫ぶの?なんで?そんな必要ある?」

「なんでこの私が助けを求めなきゃいけないわけ?」

怒りにも似た気持ちが湧いてきた。なんかバカにされたような屈辱的な気持ちにもなる。

しかし、芽依は不思議なマスターを信頼し始めていたし、そもそも出された宿題はやらねば気が済まないところがある。

何か意味があるのかもしれない。強い抵抗を覚えながらも「とりあえずやるだけやってみよう」と寝室に入って布団をかぶった。

「誰か助けて！」

とりあえず、言ってみた。何も起こらない。ただそのセリフは明らかな棒読みであったことにも気づいた。とはいえ、感情を込めるなんていやだ。

「誰か助けて！」

さっきより少し声を大きくしてみた。なんだかバカらしい。こんな変なことをしている自分に笑えもしてきた。

「誰か助けて！」

ちょっとふざけたような口調になったことが自分でも分かった。もっとまじめにやらなきゃ、と思った。

「誰か助けて！誰か助けて！」

2回言ってみた。女優になった気分で。ほんとに助けを求めるように、さっきより大きな声で。

なにかぞわっとした。これ以上やってはいけない気もした。平静を保とうとした。でも、その一方で止まらなくなっていた。

「誰か助けて！誰か助けて！誰か助けて！誰か助けて！」

いろいろな人の顔が浮かんできた。そして、堰《せき》を切ったように涙があふれてきた。

3月15日
体は鉛のように、心は羽根のように。

体が鉛のように重たいまま数日を過ごした芽依は、喫茶店のいつもの席に座ってコーヒーを飲んでいた。珍しくと言っては失礼だが、この日の店内は満席に近く、マスターは忙しそうに、しかし、丁寧にコーヒーを淹れ続けている。

心は信じられないくらい軽い。とても息がしやすい。芽依はその不思議な感覚に身を委ねていた。


「誰かに助けてほしかったんだ。けど、そんなことしちゃいけないし、できるわけないと思ってたんだ。そして、私は誰かにずーっと甘えたくて、ずーっと寂しかったんだ。」

そう思うだけで目頭が熱くなりそうになった。

あの夜、帰ってきた夫にいろいろなことを聞いてもらった。

子どもの頃から母に認められたくて必死に頑張ってきたこと。

いい成績を取ったら褒めてもらえるだろうか？

いい大学に入れば自分を認めてくれるだろうか？

いい会社に入って、優秀な成果を上げれば自分を誇りに思ってくれるんじゃないか？

そんな期待を持って今まで生きてきたこと。だから、誰よりも承認欲求が強くなってしまったこと。

優等生になって先生や周りの友達から認められる存在になったけど、母は一向に褒めてくれなかったし、むしろ、次なる課題を提示してきた。

学年で片手に入る成績を収めても、母は1番じゃないと言って認めてくれなかった。

どこまで頑張れば認めてくれるのだろう？

夫にそんな気持ちを吐き出しながら、芽依はあることに気づいた。

「これだけ頑張ったら母は私を許してくれるかな？」

まるで自分が母の命令によって頑張らされてきたように解釈していたのだ。

だから、母が認めてくれて、褒めてくれたら、もう頑張らなくても良い、と思っていたらしい。

別に母は私にそんなことを課したわけではなかった。

ただ、自分が母を喜ばせたくて、母に認めてもらいたくて、勝手に頑張っていただけだった。

「なんだかバカみたい。」

そう夫に伝えると彼は「じゃあ、もう頑張らなくていいんじゃない？これまでもう十分頑張ってきたんだしさ」と優しく言ってくれた。

今の芽依にはその優しさが胸に響いた。

「この人が夫で良かった」とおそらく初めて心から思った。

その日から芽依はかつてないほど深く眠ることができるようになった。ここ2、3日は毎日寝坊しているくらいで、それは芽依や家族にとってありえない事件として受け止められた。

年度末が差し迫る仕事も後輩や上司にできるだけ振ることにしたし、出る必要がないミーティングは積極的に欠席することにした。

体は鉛のように重たかったが、心は羽根のように軽かった。


「なんだか表情がずいぶんと変わりましたね。」

「そうですか？やつれたんじゃないですか？」

「いえいえ、憑《つ》き物が落ちたようにすっきりとした表情をされています。」

「体は重いんですけど、心が軽くて息がしやすいという不思議な状態なんです。」

「ああ、心の中に溜まっていたものが解放されたんですね。胸のつかえが取れたような感じではないでしょうか。」

「そうなんです。ほんと一日中、眠たくて、夜も、いくら眠ってもまだまだ眠れるんです。」

「それくらい疲れていたんでしょう。今は素直に体の言うことを聞くのがいいと思います。」

「いったい私はどうなっちゃったんでしょうか？」


するとマスターはハワイの心理学者チャック・スペザーノが提唱する「男性性と女性性」の話を始めた。

芽依はふと気になって店内に目を走らせた。またお客さんは誰一人いなくなっていた。


「私たちの心には男性的な部分と女性的な部分があるんです。

それを心理学では男性性、女性性と言います。

私たちは思春期には親から精神的に自立し始めます。これが反抗期と呼ばれるものになりますが、その過程で私たちは男性性を成長させます。

親に頼らず、ひとりの大人として生きていくために必要なプロセスなのですが、ご家庭の事情によっては、必要以上に頑張りすぎて、男性性を強化しすぎてしまう方もいらっしゃいます。


そうするとなんでもひとりで抱え込み、ひとりでなんとかしようとし、誰かを頼ることができなくなるのですね。そして、周りの人間を競争相手と見なして勝つことばかりを目指すようになりますから孤独になります。

でも、心の中にはまだまだ子どもで親に甘えたい部分もあります。ひとりでは心細いし、不安だし、自信がない自分もいるのですが、それは心の奥底に封じ込められてしまうのですね。

だから、思春期の頃はそんなひとりで頑張る自立的な自分と、ほんとうは誰かに頼りたい依存的な自分が葛藤を起こすのです。

しかし、男性性を成長させるにつれてその依存的な自分はどんどん抑圧され、自立的な自分がどんどん優勢になっていきます。

そして、元々能力が高い方はそうした強い男性性を駆使して学業でも、仕事でも優秀な成績を収めるようになります。つまり、男性性を強め、自立的にふるまうことで成功してしまうのですね。

そうするとますます人に頼ることができずひとりで抱え込むことになるのです。

それで気がつけば東南アジアを走る荷物満載のトラックのようになってしまうわけです。

そこで行き詰まってしまったらその荷物を下ろすしかないのですが、それは自分の成功法則を手放すことになるもので心理的には強い抵抗を覚えますね。

それに人に頼ることなんてずっとしてきていませんから、とても恥ずかしく、怖いことでもあるのです。

でも、この男性性で自立し続けるやり方ではいずれ破綻してしまうことも分かります。

だから、『自立を手放す』ということが必要になるのですね。

そして、自立を手放すために活躍するのが『女性性』なのです。

女性性は思考ではなく感情や感覚を重視し、人とのつながりを築きます。だから、人に頼れるようになりますし、心の声に耳を傾けられるようにもなります。ひとりで頑張るのではなく、みんなと一緒に取り組むこともできます。

そもそも『幸せ』って感じるものですよね？

男性性優位で自立されてきた方はとことん思考が優位になっていますから、周りから見れば幸せな状況でも本人は全然幸せを感じられません。もっと頑張らなきゃ、と自分を駆り立てます。

女性性を活かすことによって幸せを感じることもできるようになるのです。」

マスターの話が一言一句自分に当てはまる芽依は「この人は私の人生を全部見てきたんじゃないか？」と思わず怪しむほどであった。ただ、その柔らかく、温かい声は彼女に睡魔をもたらすものでもあったのだが。

話し終えるとマスターは1枚の便せんを芽依に手渡した。

「女性性を活かすといってもどうしていいのか分からないと思いますから、日ごろ意識されると良いことをまとめました。すべてをきちんと実践する必要はありません。興味のあるものから手を付けていただいていいですし、飽きてしまったらやめても大丈夫です。」

芽依がここで見てもいいのだろうか？という目でマスターを窺うと、彼は黙ってうなずいた。

Training 8
部屋の花を絶やさない

Training 9
高い下着を用意してみる

Training 10
スーパーで、服屋で、居酒屋で、店員に「お願いする」練習

Training 11 鏡を見たら「あら、あたしかわいい」と言う

Training 12 体のメンテナンスを欠かさない

花は昨日、たまたま花屋さんの前を通りかかった時に買ったわ。お花を自分のために買うなんていつ以来かしら？どんな気の迷い？と思ったな。もしかしたらマスターの宿題を先読みしていたのか？

下着か。独身時代はもちろん気を付けていたけど、それは「こういうのが男は好きなんでしょ？」という思いからだ。だから結婚してからは全然気にしてなかったし、娘が生まれてからは新しい下着は買ったことないかも。ああ、知らないうちに女を捨ててたんだな。

お願いは苦手だなー。スーパーで「あれ、どこにありますか？」って聞くんだよね。そんなの自分で探せ！と思ってきたから抵抗あるなあ。

「あら、あたしかわいい」？なんかゾッとするなあ。私、かわいくないもんな。けど、夫のためにもかわいい妻を目指してみるか。でも、私に似合うかな。

体のメンテナンス。うん。体がだるいから土曜日にアロママッサージを予約した。夫に娘を頼んでいくことにしたのだ。でも、確かにずーっと自分のこと、放置していたよな。仕事仕事、子ども子ども、炊事洗濯掃除で、全然自分のこと見てやれなかったよな。ほんとうに私、余裕のない生き方をずっとしてきたんだ。

するとその便せんの一番下にこんな質問が書いてあることに気づいた。

Training 13

ほんとうは誰に甘えたかった？

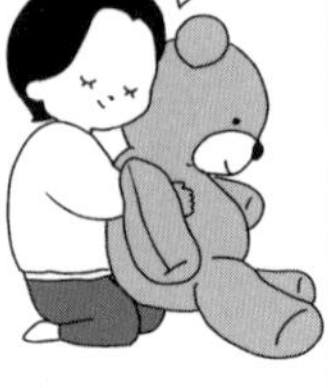

まあ、そりゃ母だよね。

でも、馬車馬のように動き続ける母に甘えたいなんてとうの昔に捨てた思いだ。

それに、今更母に甘えたいとは思わない。

そうすると夫かあ。消去法で申し訳ないけど。

とはいえ、ここ数日は夫に甘えまくってるな、と感じた。話をたくさん聞いてもらったし、家事もいっぱいしてもらっている。

いや、ここ数日どころではない。

結婚してから、いや、付き合い始めてから私はずっと夫に甘えてきたのではないか？

そんな思いが過《よ》ぎって思わず背筋に冷たいものが走った。

夫は私の望みをなんでもかなえてくれた。頼りないし、優柔不断なところもあるが、裏を返せば、私に決めさせてくれたし、私の好きに、自由にさせてくれた。

私を喜ばせるためにたくさんのことをしてくれた。全然、そんな風に思えずにまるで執事のように扱ってきたけど、違う。ずっと私は夫に甘えてきたんだ。

今すぐに夫に感謝と謝罪をしたい気持ちでいっぱいになった。

するとマスターが白紙の便せんを数枚渡してくれた。

「女性性の宿題を書いた余りの便せんですが、ほかに使い道がないものですから、良かったらもらってください。」

私の心を読んだの？と聞きたかったが、マスターは芽依の前を去り、他のお客さんのためのコーヒー豆を挽いていた。店内に目をやるといつの間にかまたお客さんで席が埋まっていた。

3月19日

全面降伏。

自分がしなくてもいい仕事を後輩や周りに振るのは意外と難しいし、上司や関係部署と交渉しなきゃいけないものもあるから面倒だと思っていたのだが、「不義理非人情だ！」と誓い、気合を入れて交渉してみると拍子抜けするほどあっさりと受け入れてくれた。

後輩には「芽依先輩は前々から働きすぎだと思ってたんですよ。何でもかんでも引き受けてすごいとしか思えず、自分の実力不足を見せつけられるばかりで申し訳ないと思ってたんです。だって私が子ども産んだって先輩みたいに働けないですもの。私たちのためにも適度に手を抜いてください」と言われた。仕事をお願いされてむしろホッとしたそうだ。

思い返してみれば、昔から交渉事や根回しは苦手ではなかった。でも、前は勝つためにやっていた。強引に押し込んだり、相手の弱みにつけ込んだり、理論でねじ伏せたりしていたと思う。でも、最近はちょっと違う。引いてみたり、お願い！と手を合わせたり、誰かの手を借りたり、今までしたことがないやり方を自然とやっている自分がいる。

以前ほど勝ち負けにもこだわっていないかもしれない。

プレゼンに失敗して受注が取れなければ確かに悔しい気持ちになるけれど、「また次頑張ろう！」と前向きになれている自分がいる。

とはいえ、生活は依然としてバタバタしていてあまり変わったようには見えないだろう。娘を保育園からピックアップし、そのままスーパーで買い物をする。お菓子をねだる娘の機嫌を取りながら支払いを済ませて閉店時間ギリギリの花屋に飛び込む。目に付いた花を数本選び、ダッシュで家に帰るとそれをとりあえずその辺のコップに活けて夕食の支度にとりかかる。リビングで遊んでいる娘の様子を見る時に花が目に入る。そこで少し気分が和らいで、イライラした気持ちが落ち着く。

ちょっとしたことだがすごく大きなことだと気がついた。

買いに行く暇がないというのは言い訳で、お店で買うのは恥ずかしいからネットで買った高級な下着が届いた。繊細なレースや肌触り感が、もうないと思っていた女心にぐっときた。久々に自分が女であることを意識したような気がした。

鏡を見たら「かわいい」と言うレッスンは案の定、とても過酷だった。職場で鏡を見るととてもかわいいとは言えない顔をしていたし、朝はバタバタしていてそんなことは忘れてしまう。もちろんメイクはちゃんとしているけれど、こんなにも鏡を意識したことは長いことなかった。高校生の頃はそれこそ暇さえあれば鏡を見てたのに。

娘には「かわいい♥」と堂々と言えることに気づいたので、その勢いで言ってみる。

「かわ……いい……???」

うまく言えないし、鏡の中の自分は引きつった表情をしている。が、すぐにうまくできなくてもいいか、そのうちできるようになるかも。


店員に何かをお願いするのは……残念ながらまだできていない。コンビニでは違うし、スーパーでもいつも時間に追われている。それだけがちょっと引っかかっていたが、「あ、そうか」とアイデアがひらめいた。

「今日はマスターのお薦めのコーヒーをください。」

「は、はい。珍しいですね。」

「お願いする練習台です。ふふ。」

「だいぶ表情も柔らかくなって変わられましたね。」

「マスターのおかげです。ほんと気持ちが楽になって余裕もできました。」

トラックに大量に積んでいた荷物を少し下ろせたかな、と思った。でも、まだまだなんだろうな、ということも分かっている。今は表面的に変わっただけで、定着はしていない。

「自分を緩めると同時に『サレンダー』を学ぶレッスンを紹介しましょう。」

唐突にマスターが声をかけてきた。

少しびっくりして目をやると神経質そうな字が並んでいる紙を渡された。裏を見るとコーヒー豆の発注書だった。この人は適当なのか律儀なのか分からなくなる。

Training 14

大木に身を委ねるイメージワーク

あなたはぽかぽかした春の日に森の中を散歩しています。

ところどころに陽だまりができていて、緩やかな風が吹いている様子を想像してみましょう。

大きく深呼吸してみます。

やがて正面に大きな木が見えてきました。

その根元には腰をかけるのに頃合いのスペースがあって、そこに座るとちょうど太い幹が体を受け止めてくれます。

見上げると枝葉の間から空が見え、時折吹く風でその葉が揺れるのがよく分かります。

全身をその木に委ねてみます。

どんどん力を抜いてその木にもたれます。

大きく深呼吸しながらどんどん体を預けていきます。

そして、そのまま空を眺め、風を感じてみてください。


マスターがいきなり解説をしてくれた。

「英語の『サレンダー』というのは『身を委ねる』『全面降伏』という意味なのですが、言い換えると『信頼して任せる』という意味を持ちます。

難しいですよね？

イメージとしては『まな板の上の鯉』でして、『煮るなり焼くなり好きにしなせぇ』という開き直った態度と言えます。

そう思うと、サレンダーってすごく怖いことなんですよね。

相手を全面的に信頼して、何が起ころうとも相手にすべてをお任せするわけですから。

自立の人は相手をコントロールしたい欲求を持ちます。

自分の思い通りにしたいんです。

でも、相手の気持ちは自分がコントロールできるものではありません。

そうすると、自分の思い通りにならない相手に任せるくらいならば、自分ひとりで全部や

った方がいいと思うのが自立の人なんですね。

けれど、そうしてひとりで全部抱え込んでしまうとやがて行き詰まってしまうんですね。

自分ひとりではどうにもならないことっていっぱいありますから。

だから、自立は手放した方が良くて、そんな時に『サレンダー』という言葉が使われます。

もう一度人を信頼し、その人に委ねます。

その感覚を作るのがこのイメージワークなんです。

さて、あなたは誰にサレンダーしますか？」

今なら分かる。夫だし、上司だし、後輩ちゃんだし、みんなだ。

でも、少し前の芽依だったらきっと「誰もそんな人はいない」と即答していただろう。

夫にも同僚にも支えられて今の私がある。

芽依は知らないうちにそんな思いを獲得するようになっていたのだ。

3月20日

甘えるって？

自分の心に意識を向けるようになって以来、芽依は昔のことを思い出すことが増えてきた。ずっとガツガツして必死に頑張っていた自分が恥ずかしくもあり、かわいくもあり、健気であったようにも思えてくる。

甘えたことがないんだよな、とふと思う。

妹は要領が良く、母親に怒られても全然意に介さずって感じだったたし、なんだかんだ父や母に甘えていたと思う。

私にはダメだと言われたことも、妹には許されていることもあって悔しい思いをしたこともある。

何一つ私に敵わないのに、親は妹の方をかわいがっていたように思えていた。

しっかり者の長女になってしまった私は甘えることを知らないまま大人になってしまったような気がする。

「大人の甘え方って想像できますか？」

その日、マスターがそう聞いてきた。

甘えるって子どもの専売特許で、大人になれば「甘えちゃいけない」と思っていたから、「大人の甘え方」という言葉に少々びっくりした。

Training 15
甘え方をアップデートして、大人の甘え方を習得する

「子どもの甘え方は、自分の欲求を相手にぶつけてそれを満たしてもらうことです。子どもはかわいいから許されることも多いのですが、そのやり方は相手に依存することになるので、依存を嫌う自立的な大人はそれを受け入れられません。

だから皆さん、大人になったら甘えちゃいけない、と思いますし、甘えを嫌い、甘えることが苦手になります。

『甘える』と聞いてどんな気分になるでしょうか？

『甘え上手な人』にどんな印象を持つでしょうか？

ずるくて、あざとくて、計算高い、嫌な女。そんなイメージを持っている方も少なくないんじゃないでしょうか。

しかし、大人の甘え方は似て非なるものがあるのです。

まず、自分の気持ちにただただ素直になります。

そしてそれを自分の気持ちとして相手に伝えます。つまり、『お願いする』のです。

それを相手がどうするかは相手にお任せする。つまり、サレンダーするのです。

難しいですよね。ひとつ例を挙げてお話ししましょう。

『職場で嫌なことがあったので話を聞いてほしい』と思ったとします。

子どもの甘え方は『ねえ、話を聞いてよー』とねだります。つまり、断りにくい『圧』を伴い、何としてでも自分の欲求（依存心）を満たそうとします。

一方、大人の甘え方は『嫌なことがあったから話を聞いてほしいんだけど時間ある？』と質問をします。この時相手に『はい』『いいえ』の選択肢を与えています。

そして、相手が『はい』だったら、『ありがとう！』と感謝します。

あるいは、『話を聞いてほしいんだけど時間作ってくれない？』とお願いします。

この時も相手の都合を聞いていますし、相手に『いいえ』と言えるだけの余地を与えています。

自分の欲求を満たそうとすることに変わりはありませんが、相手を尊重し、相手に自分の欲求を満たすかどうかの判断を委ねているところが違うのです。

だから、相手が同意してくれたら自然と『ありがとう！』という言葉が出るのです。

つまり、大人の甘え方というのは『お願い上手』という風に言い換えられます。
だからまずは簡単なことから始めていかれると良いと思います。
自分には手の届かない高いところにあるファイルを取ってもらう。
固くて開けられないペットボトルの蓋を開けてもらう。
おいしいお菓子を教えてもらう。
重たい荷物を運ぶのを手伝ってもらう。」

なんか難しそうだけど、最近自分がやっていることを思い出して、「あれ?私できてるかも」と芽依は思った。「やればできるじゃん。勝手に甘え下手だと思ってたけど」と少し胸を張りたい気分だった。

3月23日 ナンバー2ポジション。

日に日にあたたかくなる日差しを感じながらも、芽依はこのところ新たに浮かんできた疑問をぬぐえずにいた。

今まで母に認められたくて頑張ってきた。周りから見ればエリートだし、優しい夫とかわいい娘がいる幸せな女性だと思う。後輩ちゃんから「芽依先輩は全部持ってるから羨ましい」と言われたこともある。

でも、心の中は全然満たされていなかったし、それどころか燃え尽きようとしていた。

この数週間で世界がガラッと変わった気がする。

自分の弱さを出すことにも抵抗がなくなったし、周りの人に甘えられるようにもなった。

承認欲求が強かったが、周りの人たちがみんな自分を認めてくれていることが分かってきたら別にそんなものは欲しくはなくなった。

そうしたらとある疑問が頭の中に浮かび、答えが出ないまま頭にずっとこびりついている。

「私、ほんとうは何がしたいんだろう?」

でも、ひとりで抱え込むことをやめた芽依はそこでひとりで悩むことはしない。誰に相談すればいいのかが分かっているのはすごい強みだと思う。

数日ぶりに例の喫茶店を訪れることにした。

「マスター、最近、自分はほんとうは何がしたいのか、どう生きたいのかが分からなくなってきたんですよ。」

結構人生にかかわる重大なことで悩んでいるはずなのに妙に明るい声で話しかけてしまい、それに自分で気づいてふふふと笑ってしまった。

「ニコニコしながら悩みを相談されることってあまりないんですけどねえ。」

マスターも笑いながら答えてくれた。

Training
16

あなたが情熱的になってしまうのは どんなこと？　どんな時？

「それがたぶんあなたが充実した人生を送る鍵です。」

つまり、自分が勝手にやる気になってしまうシチュエーションということか。

芽依はそう受け取りながら自分がつい情熱を燃やしてきたシーンを思い出してみた。

自分が認められたいとかではなく、純粋に相手のために頑張っている時。

誰かを喜ばせようとしている時。サプライズでお祝いするのとか好きだった。

仲間と一緒にひとつのことを成し遂げようとしている時。

自分がみんなを引っ張って何かをするというよりも、全体を見ながら後ろからみんなの背中を押す方が好きなのかも。相手のモチベーションを上げてやる気にさせるのとか得意だし。

誰かをサポートする役割が好きなのかもしれない。

あと、ピンチになると燃えるかもしれない。そういえば、以前かかわったプロジェクトで、リーダーポジションだった人が体調を崩して離脱しちゃった時は「なんとかしなきゃ！」と思ってめちゃくちゃ燃えたなあ。メンバーたちを励ましながらなんとか納期に間に合わせた時は感動したもん。

今までの自分はどこかで「自分が、自分が」と思っていたのかもしれない。それで自分がリーダーを務めることもあったけどなんかしっくり来てなかったな。

むしろ、ナンバー2ポジションの方が自分は力を発揮できるのかもしれない。

そう気づいたら急に未来が明るくなったような気がした。

とりあえず夫をやる気にさせてもっと頑張ってもらおうかな？今でも十分頑張ってもらってるけど。そんな少し意地悪なことを考えてニヤッとしてしまった。

会社の仕事でもそのポジションを希望しよう。今は自分がリーダー役で引っ張らなきゃいけない立場だけど、１コ下の後輩に譲ってもいいかもしれないな。

芽依はそう思っただけでまた大きな荷物がひとつ、肩から落ちたような気がした。

Training 17

メンターを3人以上見つける

「『心の師匠』と訳されるメンター。

生き方や考え方、人としての在り方などの手本となる、人生の師匠ともいえます。

困ったことがあった時に方向性を示してくれたり、相談に乗ってくれたり、自らの生き様を見せてくれたりする方々で、自分よりも1歩も2歩も先を進んでいる先輩でもあります。

直接話ができる相手をメンターにすることができれば幸せですが、必ずしもそうでなくても結構です。

つまり、面識はなくとも著作やネットなどでその人の生き方を学べるならば、その人をメンターにしてもいいのです。

そして、メンターは3人以上いるとなおよろしいでしょう。

問題の答えはひとつではありませんから、いろいろな可能性を見ておきたいもので、メンターが3人以上いれば、様々な回答を手にすることができますからね。」

「じゃあ、マスターをひとり目のメンターに指名してもいいですか？」

「ええ？私ですか？そう思っていただけるのはありがたいのですが、ただのコーヒー屋ですよ。」

「いいんです！あとふたりですね。」

芽依には好きな小説家がいる。小説だけでなくエッセイにもくまなく目を通していて、その生き方に憧れているからその人にしよう、と思った。

これまでも彼女の文章を読んで救われたことが何度もあった。

あとひとり。

ある人物の顔が浮かんで不覚にも涙ぐんでしまった。

いつも自分が目標としてきた人。

バリキャリと言われる生き方を選んだのもその人の影響としか考えられない。

反発しながらもずっと目指してきたのはその人の生き方なのかもしれない。

「そうか。私は母のことがほんとうは大好きだったんだ。」

そう思わず呟いてしまってハッとした。たぶん、ついこの間までの自分だったら絶対認められなかっただろう。

でも、マスターと話をするようになって素直になってしまったらしい。

芽依はいつか母に直接、それを伝えに行きたいと思った。

3月25日 春。

「なんか芽依さん、変わったよね。とげとげしたところがなくなって穏やかになったような気がする。肩肘張らずに楽しそうに過ごしてるように見えるよ。」

そんな風に評したのは結婚して4年経つがいまだに芽依をさん付けで呼ぶ夫だった。最近、会社の人たちからも似たようなことを言われる。いったい今までの自分はどれくらいガツガツしていたんだ？と不思議になるほどだ。

以前よりも夫と話をする時間が増えた。これまでも、娘を寝かしつけたあとは時間が十分あったはずなのに、自分はいったい何をしていたのだろう？仕事か？スマホか？何も言わずに見守ってくれた夫は優しいだけじゃなく忍耐強いのだろう。恥ずかしながら夫がこの冬、昇進したことも「そういえば！」という程度で気にしていなかったほどだ。

明らかに娘が自分になついてくれているのも分かる。以前は娘は夫が大好きで、自分がいない時よりも夫がいない時の方が寂しげだった。自分は忙しいし、やることがいっぱいあるから好都合だと思っていたけどやはりちょっと寂しく、夫に嫉妬していたことも確かだ。

それが最近はママと遊ぶことが大好きになったようだし、保育園のこともいっぱいお話ししてくれるようになった。そして、芽依も娘と一緒にいる時間を楽しめるようになっていた。

「おそらく心に余裕ができたのでしょうね。」

マスターは相変わらず穏やかな口調で芽依の変化を解説してくれた。

春を迎えておしゃれを楽しんでいる自分もいる。今年はいつ以来か明るい感じのワンピースを購入したから、それを着て出かけることにわくわくしている。

その分、仕事はずいぶんと周りに甘えられるようになった。いや、そもそもやらなくてもいい仕事を山ほど抱えていて、それで余裕をなくしていたのだ。

「忙」という字が「心を亡くす」と書く意味を芽依は深く実感していた。

隣では娘がホットケーキと格闘している。そういえば、この店の名物だと聞きながら一度も口にしてなかったことに今更芽依は気づいた。

第2章

じっと息をひそめてその時を待つ
「後方待機部隊」

城田卯月さんのストーリー

11月14日

いい人。

気持ちよさそうに眠る彼氏を起こさないように急いで昨日の晩ごはんの残りをお弁当箱に詰め、さくっとメイクを済ませて家を出る。ギリギリで間に合った電車に揺られながら40分かけて出勤する。いつもと変わらない日常が始まる。始業直前に会社に着いて、面白くもない仕事に自分を捧げて、神経をすり減らして家に帰る。

彼氏がいない時期もあったけど、こんな生活を気がつけば10年近くも過ごしてしまっている。

「いったい私は何をしているんだろう？」

最近の城田卯月《しろたうづき》の口癖だ。

昨日は同僚に「ちょっと今日は家の用事で早く帰らなきゃいけないんだ、お願い！」と手を合わせられて残業を引き受けた。別に特に用事もないから構わない。早く帰ってもごろごろするだけだ。

でも、そのあと給湯室で後輩同士が「あの先輩、今日、また推しのイベント行くらしいよ。いいなー、チケット取れて。私なんてここんとこ連敗続きで心が折れそう」と話しているのを聞いてしまった。

「騙《だま》された！ムカつく！」と思う前に卯月は「正直に言ってくれたら良かったのに。それでも残業引き受けてあげたのに」と思ってしまうタイプだ。

その残業も黙々と取り組んだら1時間もかからずに終わってしまった。

もちろん卯月は自分が仕事がデキるなんて思わないし、気づいてもいない。むしろ、自分のような人間を雇ってくれる会社に感謝しているほどだ。

さっさと机を片付けて会社を出る。

駅に向かう商店街を歩いていると喫茶店から出てきた母娘とぶつかりそうになった。

「あ、すいません。」

思わず謝ってしまう。そのまま店の中に視線を向けるとマスターと目が合ってしまった。

そのタイミングで「いえいえ、こちらこそ、ごめんなさいね」とすごく仕事ができそうなその母親に声をかけられたから、なおさらこのまま立ち去ることが気まずくなって「1名ですが」と店に入ってしまった。

明らかにカフェではなく喫茶店という雰囲気の店にひとりで入るなんてふだんなら絶対にできない。カウンターに座ったもののどうしていいか分からずおどおどしているとマスターがメニューを差し出してくれた。

「寒くなってまいりましたから温かいものにされますか？冷たい飲み物もご用意できます。

お食事は軽いものやデザートでしたら少しございます。」

その穏やかな口調に「怖い店じゃなくて良かった」とホッとしてメニューを眺める。ホットケーキがお薦めらしい。お店の中はコーヒーのいい匂いが充満しているから久々に温かいコーヒーでも飲もう。

卯月が注文を伝えると「少々お待ちください」と言いながらマスターは豆を挽き始め、手際よくコンロに火をつけてホットケーキを焼く準備を始めた。

卯月はふと、今の彼氏と付き合い始めたのが2年前のこの時期だったことを思い出した。会社の飲み会の2次会で行ったカラオケボックスで彼と出会った。お酒をあまり飲まず、カラオケだって得意ではないのに、卯月は常に幹事役を仰せつかることになっていた。受付で人数を伝えると彼が「いつもありがとうございます！今日も職場の方々とですか？」と明るく声をかけてきた。

顔を覚えられていることに恥ずかしくなり、言われてみればこの1か月で4回はここに来ていることに気づいた。うちの職場はなぜか飲み会好き、カラオケ好きが多いのだ。

お酒もカラオケも苦手な卯月は誘われると断れず、末席にちょこんと座って周りに合わせる。それだけなのにすごく疲れる。が、誘いを断ってその場が変な空気になるよりはマシだと思っている。

2年前のその日は酔っぱらった先輩と同僚が喧嘩になってしまい、お店に迷惑をかけることになってしまった。シラフだった卯月は成り行き上、みんなが出ていったあとの部屋を片付ける羽目になったのだ。「こっちでやりますから大丈夫っすよ！」と彼は明るく声をかけてくれたが、「申し訳ないので少し手伝います」と言って一緒にグラスを片付け、汚れてしまったテーブルやソファを拭いた。

そこで「全然楽しめなかったっすよね？僕、すぐ近くの先輩のバーでたまに働いているんですよ。ここもうすぐ上がりなんで良かったら来ません？」と誘われた。もちろん、そんな勇気なんてないから断ったが、半ば強引に行く約束をさせられたのだった。

バーなんてひとりで入ったことがないから怖かったが、彼は優しく気を遣ってくれたし、その明るさに一日の疲れが癒された気さえした。

今日、このレトロな喫茶店に入る時の怖さがその記憶をよみがえらせたのだろうか。

彼とはそこで連絡先を交換し、彼の押しの強さに負けて付き合うことになった。いや、付き合っているのだろうか？いまだに卯月は不安になる。

昨日はカラオケボックスのバイト終わりの22時過ぎに急に卯月の家にやってきた。何も食べてないというので慌ててごはんを作り、食事が終わったらそのまま体を求められた。とはいえ、彼はあまり何もしてくれない。卯月が一方的に奉仕するだけのセックスだ。

ふつうに結婚して子どもを産んでママになるものだと子どもの頃から思っていたけれど、そんな気配がないまま30歳を過ぎてしまった。しがない会社員で、大した能力もないし、何かやりたいことがあるわけでもない。

周りの人たちは結婚ラッシュを迎えている。卯月もこの1年で、結婚式に3回も出席した。友達が幸せになることは素直にうれしかったが、何も明るい話がない自分はただただ惨めなだけだった。

惨めさ。卯月はいつもこの気持ちを抱えているように思う。

彼はいずれは自分も店をやりたいそうだ。けれど、ふだんの様子を見ていると将来のことなど一ミリも考えていないように見える。当然、卯月との結婚も考えていない。というか、考えられないだろう、と思うと暗たんとした気分になる。

だんだん寒くなってくるこの季節が大嫌いだ。12月からは恋人たちが待ち望む幸せなイベントが続いている。今年もきっとクリスマスは「時給が割増しになる」という理由で彼はバイトに行くだろうし、年末は「友達のイベントの手伝い」があるのだろう。結局彼氏がいてもひとりぼっちだし、仮に彼が暇だとしても年中金欠だから気の利いたサプライズを仕掛けてくれるはずもない。

「お待たせしました。」

目の前に用意されたセンスのいいコーヒーカップと、甘い匂いを漂わせるホットケーキに卯月は救われた。バターを溶かして一口食べるとそのおいしさに一気に幸福感がやってきた。さっきまでの暗い気持ちが吹き飛んで「おいしい！」と思わず目を丸くしてしまった。

「ありがとうございます。」

職場の近くにいい店を見つけたことにうれしくなって、これからちょくちょくこのホットケーキを食べに来ようと誓った。

11月15日 我慢する人。

夕方の商店街は親子連れとよくすれ違う。買い物帰りに手をつないで歩いていたり、保育園のお迎えの自転車だったり。その姿を見るのが嫌で卯月はいつも裏道を通って駅に向かっていた。

仕事は今日も単調だけど忙しかった。心が乾いていることを実感し、あのホットケーキに癒されたい、と思ったのだ。だから、今日は頑張って商店街に足を向けた。そして、今日は自分の意志でその扉を開けることができた。

隅のテーブル席に座ろうと思ったが、その横の席には以前店の入り口ですれ違った仕事のデキそうな女性が、小さい娘さんを膝に乗せてプリンを食べさせていた。

いきなり見たくないものを見せられてしまった。

仕事がデキる女子は苦手だ。仕事がデキる上に結婚して子どもまでいるなんて！　自分のちっぽけさを痛感せざるを得なくなる。

家族を持つことが子どもの頃から夢だった卯月だが、今小さな子どもは好きだけど嫌いだ。コンプレックスを刺激される。だから、この母娘は卯月にとって痛すぎる景色だった。

仕方なくなるべく離れたカウンター席に座る。

さっさとコーヒーを飲んで退散することにした。


カウンター越しに水を出してくれたマスターに「ホットコーヒーをお願いします」とだけ伝え、スマホを取り出してSNSをチェックする。マスターは「かしこまりました」とだけ言うと静かにコーヒーを淹れ始めた。

その間も母娘のやり取りが耳に届き、気分が沈んでいく。

「1日1サボり頑張ってますか？」

「意識してるんだけど、ついつい頑張っちゃって。頼るのって難しい……。」

「少しずつでいいですよ。肩の力抜いていきましょう。」

という会話も聞こえてきて、あー、あんなに全部持ってる人でも、頼れないって悩むことがあるんだなあと、ホッとしたら、お腹がぐーっと鳴った。

顔を上げると目の前で淹れてくれているコーヒーのいい香りが店内に広がり、不思議と気持ちが落ち着いた。

「お待たせしました」とセンスの良いカップに注がれたコーヒーが目の前に来た。

やっぱり居心地の良い店だ、とさっきとは逆のことを感じていた。


「そろそろ晩ごはん作らなきゃ。プリンもおいしかったです」という声が背後から聞こえた。火を止めたマスターがレジに向かう。「やっぱりここのホットケーキは絶品だもんね。食べればよかった。次来た時は注文します！」とマスターの方を向いてにっこり笑い、会計を済ませて母娘が店を出ていく。


コーヒーを少しずつ口に運びながら「もしかしたら私も今頃ああいう生活を送っていたのかもしれないな。どこで歯車が狂っちゃったのかしら」と卯月は考えていた。

気配を感じて顔を上げると、「何か考え事ですか？真剣にコーヒーを味わっている、という風にも残念ながら見えなくて」とマスターが笑いながら話しかけてきた。

ふだんの自分ならすごく苦手なシチュエーションだ。初対面の人とは全然話せない自分がいる。だから彼に内緒でやっている婚活も全然うまくいっていない。

でも、なぜか今日は違った。

「コーヒー、とてもおいしいですよ。あの……。先ほどのお客さんってよく来られるんですか？」

「ええ、ちょくちょくいらしていただいています。この時間になると、お子さんと一緒に来られることもありますね。」

「なんかいいなあ、と思っちゃったんです。きっとあの方、仕事できる方ですよね？それでお子さんもいて、羨ましいなって。私なんて一応彼氏はいるけど全然あてにならなくて、結婚なんて夢のまた夢って感じで。もう全然私とは違う人種だな、と思っちゃったんです。」

こんなにすらすらと自分の話をするなんて、自分でもびっくりした。ふだんは圧倒的に聞き役に回ることが多いのに。

マスターはあまり表情を変えずに、けれど、ちゃんと話を聞いてくれた。それだけで心がすーっと軽くなった気がした。


「いつも何かと我慢してしまうことが多いのでしょうか？」

いきなり核心を突かれたような気がして、思わず目を見開いてしまったのだろう。マスターは気を遣うように言った。

「なぜでしょうね。そんな気がしただけです。失礼いたしました。」

そんな言葉に安心している自分に卯月は気づいた。

「我慢が当たり前だと思っていました。子どもの頃から。自分さえ我慢すればいいいって思ってましたし、我慢していればいつかいいことがあるって思ってもいました。けど、そんなこともないんですよね。」

「そういう方、少なくないですね。それで我慢するのが癖になっていて、自分でも我慢していることに気づかなくなってしまっているような方もいらっしゃいますね。」

「分かります、それ私です。友達から『卯月は我慢しすぎ！もっと怒っていいのに！』とよく叱られてます。でも、自分ではそんな我慢しているつもりはないんですよね。」

「じゃあ、私からひとつ宿題を出してみましょうか。」

Training 18
今、そして過去、自分が我慢していることを書き出してみる！

「どんなことでもいいんですよ。今日我慢したことって何かな？昨日はどうだったかな？っていろいろと思い出してみるんです。仕事のこととか、人間関係のこととか、学生時代のこととか、お母さんやお父さんに対してだとか。だから、すぐにできなくて構いません。しばらく時間をかけて、スマホのメモ帳に思いついた時に書き足していくような感じがいいと思

いますよ。」

「そんなのたくさんありすぎて大変なことになりそう。」

「ええ、もしそうなったら『それくらい自分は我慢してきたんだな』って思うだけでもいいんです。それにそれは、頑張ってきた証とも言えるでしょう？ そんな自分を褒めてあげてくださいね。よく頑張ってきたなあ！ と。」

卯月はスマホのメモ帳を開いた。

元々忘れ物が多いからスマホのメモ機能はかなり使いこなしていた。そこに「自分が我慢していたこと」という新たな項目を作った。終わりのない作業になりそうだと想像してまた暗たんとした気分になった。

「ずっと我慢してきたし、今だって……。はぁ。」

そんな卯月の表情の変化を優しく見守っていたマスターは「もうひとついかがでしょう？」と次なる宿題を出してきた。

Training 19

鏡に向かって「もう頑張りたくない!」と連呼する

「1回じゃなくて何回も言ってみてくださいね。」

「想像しただけでなんかドキドキしちゃいます。言えるかなあ?」

「じゃあ、ここで練習してみませんか?」

だって、他のお客さんが……と言いかけて周りを見て卯月はびっくりした。あれ?誰もいない。

マスターを見ると穏やかな笑みを浮かべている。

何ここ?さっきまで確かにお客さんがいたのに。

どういうことですか、と聞こうとするとマスターに先を越された。

「うちは案外、暇な店なんです。」

でも、さすがにそんなことを言ってる途中で誰かが店に入ってきたら大変なことになりそうだ。

逃げるように慌ててお会計を済ませて店を出た。

夕方の商店街は相変わらず人通りが多く、卯月は異次元から戻ってきたような感覚にとらわれながら駅へ急いだ。


電車に揺られながら早速スマホを開いて我慢してきたことを書き出してみた。

我慢したこと、我慢したこと……。

「仕事。全部。」

事務が得意なわけでもない。それしかできないと思っているし、それが与えられた仕事だからやっているだけだ。

「商店街を歩いたこと。」

何組もの親子連れを思い出してまた気分が落ちた。

「あ、ホットケーキ、食べたかったな。けど、なんか食べられなかったな。」

あの母娘が目に浮かんだ。

キリがないな。ため息をつきながら思いつく限りスマホにメモを書いていった。

「彼のことなんて我慢ばっかりだ。会いたい時に会えないし、どこか一緒に出かけたいのに『金がない』と言うから我慢しなきゃいけない。誕生日を祝ってもらったこともない。あ、私、何してるんだろう？」

気がつけばあっという間に10個以上の「我慢リスト」が出来上がっていた。

いつも我慢してきたんだ。

職場でも「都合のいい社員」として扱われ、面倒な仕事を押し付けられることもよくある。入社以来、ずっとそうだ。そもそもお給料だって全然上がらない。それにも我慢している。今の家だって引っ越し費用がもったいないから更新して住み続けてるだけで、ほんとうはもっと広くてかわいい部屋に住みたい。彼が家賃を少しでも出してくれたら引っ越せるけど……。ああ、これも我慢か。

最寄り駅で降りて家へ向かう緩やかな坂道を上る。我慢していたことをあれこれ考えながら歩いていたらあっという間に家に着いてしまった。

真っ暗な部屋に明かりをつけると、彼が散らかしたあとが目に飛び込んできた。何も言わずに我慢して片付けるのも卯月の仕事だ。

ここでも、ため息をついて洗面台に向かう。手を洗おうと鏡を見てもうひとつの宿題を思い出した。

「もう頑張りたくない。」

蚊の鳴くような声しか出なかった。それだけで、こみ上げるものがあって涙が出てきた。

ずっと我慢してたんだ。

ずっと頑張ってきたんだ。

そう思うと惨めで、辛い気持ちがどんどんあふれてきた。

「もう頑張りたくない！」

さっきより少しだけ大きな声で言ってみると、もう立っていられなかった。

卯月はうずくまって頭を抱え、「いや！　いや！　ほんとにもういや！」と心の中の澱《おり》を吐き出すように言った。

「もう全部いや！　何もかもいや！　もう頑張りたくない！　我慢したくない！」

あとは言葉にならなかった。

暗い気持ちが次々と湧き上がり、涙はあふれてくるし、辛いし、苦しいし、ほんとうにいやだし。

そんな自分を冷静に見てる自分もいて、「ほんとうに辛かったんだ。ほんとうに苦しかったんだ」と改めて気づかされた。

いろんな人たちの顔が浮かんでくる。

自分をバカにしているであろう同僚、頑張って資料をまとめても「ありがとう」の一言も言ってくれない上司、大好きだけど自分を都合よく扱っている彼氏、自分のことしか考えられなかった元カレ、「卯月にやってもらえばいいじゃん」と面倒なことを押し付けてきた同級生、そして、自分勝手で機嫌が悪くなれば家族に怒鳴り散らす父、そんな父に気を遣い、いつも我慢ばかりしていた母。

卯月はずっとイヤイヤするように首を振りながら涙と鼻水でぐしょぐしょになっていた。母を思い出した時、心がすごく安らかになったのを感じた。

「そうか、お母さんも同じなんだ。お母さんもこんな辛い思いをしていたんだ。」

卯月は無性に母に会いたくなった。

11月16日 罪悪感の人。

昨日は眠たくて眠たくて仕方がなくなり、あり合わせのものを食べてさっさと寝てしまった。彼は来なかったようだ。

1日ぼーっとしながら仕事をこなし、体もだるかったのでどこにも寄らずに家に帰り、母に電話した。

ずっと我慢しているように見える母と話をしたかったからだ。

「お父さんがああいう人だからね。怒り出すと面倒だからたくさん我慢してきたわよ。あんたたちもお父さんが帰ってきたらすぐに自分の部屋に行っちゃってたでしょ？でも、私に当たるならまだマシなんだけど、たまにあんたたちにまで怒鳴り散らすんだからほんとうに困った人だよね。仕事もね、いつも喧嘩して辞めてきちゃうし、お金のやりくりも大変だったわよ。でも、それでもいろいろと仕事見つけては働いてくれたんだからお父さんなりに頑張ってたんじゃないかと思うのよ。」

「お父さん怖かったもんね。でも、お母さん、離婚は考えなかったの？」

「何度も考えたわよ。でもお母さんひとりじゃあんたたちを育てられないからね。何のとりえもなかったし、そんな勇気もなかったから我慢するしかなかったのよ。だからあんたたちが生きがいだったのよ。でもね、お父さん、怒り出すとひどい人なんだけど、ほんとうは気の弱い人だと思うようになってね。不器用で頑固でね。だから、途中からはなんだかかわいそうな人に見えてきて。とにかく子どもたちだけには手を出さないでおくれ、と思ってたのよ。お人好《ひとよ》し？そうね、お母さん、昔からどんくさくて周りに流されやすいからね。」

母の告白を聞きながら愛されてきたという安心感に包まれると同時に、なにかいたたまれない気持ちにもなった。お母さんは幸せなのだろうか？お母さんの人生は何だったんだろうか？

「そりゃあ、あんたたちがお母さんの宝物よ。今は別々に暮らしているけど、みんな元気でやってくれてるってのがうれしいわよ。時々顔を見せてくれたらそれでいいって思うし、こんな風に電話してくれるのもうれしいわよ。」

優しい言葉をかけてくれてることは分かるんだけれど、同時に、こんな娘でごめんなさい、という気持ちも湧き上がってきた。

「ところでなんで急に電話なんかしてきたの？なんかあったんじゃない？」

ハッとして「いや、なんでもないの。たまには電話でもしてあげなきゃと思って。また連絡する」と言って卯月は電話を切った。

お母さんが言っていたお人好しで、どんくさくて、周りに流されやすいって私のことじゃん。

何のとりえもないって私もいつも思ってるじゃん。

自分が母とそっくりであることに気づいて卯月はため息をつくしかなかった。そして自分という存在について頭が勝手に考え始めた。


自分はいったい何者なんだろう？

たぶん、いなくなっても誰も困らない。あ、母や弟は困るかもしれないけれど、他の人は何とも思わないだろう。

私のことなんてすぐに忘れて、それぞれの人生を楽しむと思う。

お母さんはああいう風に言ってくれたけど、もし私が生まれなかったらお母さんは、お父さんと離婚して自分の人生を生きられたのかな？

そしたら、我慢しない人生を送れたんじゃないかな？

しかも、そうやって愛されて育った娘がこれだもん。

お母さんが私の年齢の時にはふたりの子どもを産んでたわけで、母親として頑張ってたじゃない。

全然とりえがないわけじゃないよ。

私なんてほんと何もない。何も残してない。

自分なりに頑張ってきたとは思うけど、でも、それだけじゃん。何もないじゃん。

もし娘が、マスターと話をしてたバリキャリで子連れの女性だったら母も鼻が高かったろうな。

「お母さん、こんな娘でごめんなさい。」

そんな言葉が口をついて、自然と涙がこぼれた。

いったい、私は何者なんだろう?

この世に存在していていいんだろうか?


卯月のそんな思考を破るように、突然玄関の扉が開いて彼が入ってきた。

落ち込んでる卯月を見て「どしたの?暗いよ、顔」と言う。「ごめん、今日は帰ってくれる?あんまり体調が良くないみたい。もう寝るから」と答えると、「あ、そう。ごめん。何かあったら連絡して」と言い残して彼はさっさと帰ってしまった。

彼にとっても私なんてその程度の存在だよね。

そう思ってふとスマホを見ると母からラインが来ていた。

「何かあったんだったらお母さん話聞くからね。心配。」

その優しさは今の卯月を余計惨めにするだけだった。

「お母さん、こんな娘でごめんなさい。」

再びそう呟いて、重たい気分そのままにベッドに横になった。


その時の卯月は初めて彼にＮＯと言えたことにまだ気づいていなかった。

11月17日
心を浄化する。

たくさん寝たせいか体は軽くなっていた。

でも、心にはまだ重たいものが残っているようで暗い気持ちのまま出社した。

できるだけひとりになりたくて、お昼休みはコンビニで買ったおにぎりを神社の境内《けいだい》にあるベンチで食べた。ずいぶんと秋が深くなってきたが、薄手のコートを羽織ればまだまだ寒くない。

母との会話を思い出しながら、頑張って子育てした母と何も成し遂げていない自分とを比べていた。

「いったい私は何者なんだろう？」

そんな答えのない疑問に思いをめぐらせていると足元に猫が寄ってきた。この神社には何匹もの猫が住み着いているのだ。「この子も何も成し遂げてないね」と思いつつ「でも、かわいいもんな。みんなに愛されてるもん。私と違って」とすぐに否定した。

手を伸ばすと人に慣れているその猫はすぐに頭をなでさせてくれた。

「かわいい」と思わず口に出した時、「そういえばうちの彼も野良猫みたいだ」と気づいてふと笑みがこぼれた。「この子みたいに素直だったら彼もかわいいのに」と思い、ハッとした。

「あ、もしかして彼に帰ってって言ったの、昨日が初めてかもしれない。」

自分のことで精いっぱいだったとはいえ、申し訳ない気持ちになってラインを開いた。すると彼から「大丈夫？よく眠れた？」とメッセージが来ていることに気づいた。時間を見たら昨日の夜だ。12時間以上彼のラインをスルーしていたのも初めてだ。

「彼、意外と優しいかも。」

そう思ったら心が少し回復したのが分かった。

「自分が何者かなんて、そんなの私に分かるわけないか。」

卯月はベンチから立ち上がった。猫はとっくにどこかに行ってしまっている。

今日こそ、ホットケーキを食べなきゃ。

心の中で呟きながら、卯月は職場に戻っていった。


ふつうは3回目ともなると堂々と扉を開けられるものと思うが、卯月はまだ緊張しながらその喫茶店に入っていった。

例のバリキャリで子連れの女性が来ているかどうか真っ先に確認し、姿が見えないと分かるとホッとして2名がけのテーブル席に座った。

「今日はそちらで良いですか?」

水を持ってきてくれたマスターに声をかけられて卯月は思わず赤面した。

覚えられてる!と思ったら恥ずかしくなったのだ。

「あ、え、いいですか?」としどろもどろに答えるとマスターはにっこりして「もちろん構いません」と答える。

ホットケーキとホットコーヒーをオーダーして窓の外を眺めた。

「ホットケーキはもう少しお待ちくださいね。ところで『我慢リスト』の方はいかがですか？」

コーヒーをテーブルに置きながらマスターが言った。

卯月はドキッとした。

「あ、すいません。すっかり忘れてました！この2日、別のことを考えてしまっていて。でも、少しですが自分がすごく頑張ってきたことに気づけました。」

「ああ、それは素晴らしいです。マイペースにやっていけばいいんですよ。」

そう言い残すとマスターはカウンターの向こう側に帰っていった。

その姿を見てマスターを呼び止めたくなっている自分がいることに卯月は気づいた。

母のこと、自分の存在のことを、マスターに聞いてもらいたくなったのだ。

でも、今日はほかにもお客さんがいる。カウンター席でパソコンを開いて仕事をしながら時折マスターに親しげに話しかけている女性だ。明るくて元気でいかにも仕事ができそうな雰囲気を醸し出している。卯月が苦手なタイプだ。しかも、会社によく出入りしている取引先の女性に雰囲気が似ている。

今日は大人しくホットケーキを食べて帰るか、とコーヒーをすすりながら忘れていた宿題をしようとスマホを開いた。

お父さんが理不尽なことで怒っている。

お母さんは何も悪くないのに、お母さんのせいにして怒鳴っている。

お母さんは「すいません」と言いながら頭を下げた。

そんなお母さんを見て、お父さんはまた激高した。

そんなのおかしい！と言いたかったが、何か言えば、その怒りがこちらに向くことが分かっていたので何も言えなかった。

お母さん、ごめんなさい。

弟はお父さんが怒り出したらすぐにリビングを出ていってしまった。

我関せず。

そんな弟にも腹が立っていた。

自分は何もできずに椅子に座って両親を眺めていることしかできなかった。

そして、そんな自分にもすごく怒りを覚えていた。


「何か思いつめたような表情をされてますけれど、例の考え事ですか？」

甘い香りと同時にマスターの声が降ってきた。

「え、あ、ああ、そうです。またちょっと考え事をしてしまってました。ありがとうございます。」

バターを溶かし、メープルシロップを落としてナイフを入れる。

ホットケーキにフォークを突き刺して口に運ぶと、考え事なんてどうでも良くなるくらいの幸福感がやってきた。

甘いものは麻薬に似ている、という危険な意見に賛成したい気持ちになった。

結局、マスターに話を聞いてもらった。どこから説明していいか分からないので一から全部話してしまった。

その間、マスターは穏やかな表情で聞いてくれた。

「こんな娘でごめんなさい、ですか。そんな風に思ってもらえる親は幸せですね。」

え？という顔をする卯月にマスターは言う。

「だってそれくらいお母さんのことを愛してるということですよね？大好きなお母さんを喜ばせたいのに、それができてないと思うからそう思ってしまうんですよね？」

マスターの言葉はいちいち深いが、一度聞いただけではすぐにすべてを理解できない難解さもある。

お母さんのことを愛している？

うん。大好き。喧嘩もたくさんしたけど嫌いになったことはなかった。

お母さんを喜ばせたい？

確かにそれができたらすごくいい。私はお母さんを安心させたい。

それができてない？

そう、それができてない。喜ばせてもいないし、安心もさせてあげられない。

だから、ごめんなさいと思ってしまうのか。


ようやく理解できた卯月は「はい。そうです」と答えた。

「少し待ってくださいね。」

そう言ってカウンターの向こうに消えたマスターはしばらくするとコーヒー豆の発注書を持って戻ってきた。

その裏に文章が印刷されている。新たな宿題だ。

それを手渡しながらマスターはこんな話をしてくれた。

「**『罪悪感』っていうんですけどね、ごめんなさいって気持ちのことを。**どうやらその罪悪感がずーっと心の中に溜まってしまっているみたいですね。**何に対してもごめんなさい、すいません、って思ってしまいませんか？何かというと私が悪い、私のせいだ、と思ってしまいませんか？そうすると自分を犯罪者のように扱うようになってしまうんです。**犯罪者って自分の犯した罪がバレないかびくびくしながら生活しているでしょう？なるべく人から隠れようとするし、当然目立つことなんてしないし。罪悪感ってそういう風に自分を罰するんです。」

マスターの話がいちいち心に刺さる。

卯月は全部「その通りです！」と言いたい気持ちになった。

「温泉ワーク」というタイトルの文章にはこんなことが書いてあった。

Training 20

疲れや毒を抜くイメージワーク

広々とした湯舟からは生まれたばかりの新鮮な温泉があふれ出している。

柔らかく、温かくて、ほんのりと良い香りがするそのお湯に体を浸す。

じんわりと体が温まってくる。

自然と深呼吸がしたくなるとても良いお湯だ。

しばらく浸かっていると体の芯までそのお湯がしみわたっていくのが分かる。

すると体の中に溜まっていた疲れや罪悪感や怒りや寂しさなどのネガティブな感情が皮膚を通じてにじみ出てくる。

それは体のどこから出てくるだろう？

そして、何色をしているだろう？

その体からにじみ出たネガティブな感情は何もせずともあふれ出すお湯に紛れて湯舟の外に運ばれていく。

体からいらないものが抜けていく感覚を味わいながら、その様子をただただ見ている。

時間はゆっくりと流れていく。

体のほかの部分からもにじみ出てくるものはあるだろうか？

もしあるならば、それは何色をしているだろうか？

そして、時間が経つにつれてそのにじみ出てくるものはどうなっていくだろうか？

それを眺めながら深呼吸を繰り返す。

やがてどれくらい時間が過ぎたのか分からないが何も体からは出てこなくなる。

湯舟から出て、大きくて柔らかいバスタオルで全身をぬぐう。

そして、真新しい下着と服を身に着けて目を開ける。


「ぜひ、ご自宅でやってみてください。」

「毎日やった方がいいんですか？」

「いえ、思いついた時にやってみられるといいですよ。ところで、ひとつ質問してもいいですか？」

「え、はい。」

「今、自分の気持ちに何%くらい素直に生きられていると思いますか？」

卯月は思い切り戸惑った。

自分の気持ちに何%くらい素直に生きられているか？

むしろ、自分の気持ちなんてほとんど無視しているのかもしれない。ひとりでいる時ならまだしも、誰かと一緒にいる時に自分の気持ちに素直にふるまうなんてできているのだろうか？

卯月はいろいろな人の顔を思い浮かべながら全然できてないと思ってまた落ち込んでしまった。

「うーん、30%くらいでしょうか。もっと少ないかもしれません。」

Training
21
もし、今よりあと10%素直になったらどうなるでしょう？

「つまり40%ってことですよね？そうですね、今よりもう少し自分が言いたいことを言える

かもしれません。あと、いやなことも我慢せずにいやって言えそうです。」

「いやなことも我慢してしまうんですね？」

「はい。あ！そういえば昨日、言えました。彼氏が急に訪ねてきたけど、帰ってもらいました。」

「そうなんですね。じゃあ、それは大きなプラスですね。」

「でも、また次の時に言える自信はないですけど。」

「いいんです、それで。10％増えると何が違うかという問いには正解はありません。自分なりにあと10％素直になったらどうなるだろう？って想像するだけでいいんです。そして、それを実際にやってみたら30％が40％に大幅アップになりますね。」

素直になる、か。

自分の気持ちを我慢することには慣れているけど、それを出すなんてほとんどしてなかったな、周りに合わせてばかりで。悪く思われないように、揉《も》め事にならないように、嫌われないようにばかりしてきたもん。

「素直になったら人に嫌われそうで怖いです。」

卯月は正直な気持ちを打ち明けた。

「嫌われることが怖いですか？」

「そりゃ怖いですよ。誰も相手にしてくれなくなってしまいます。」

「じゃあ、意地悪なことを聞いてもいいですか？」

「え？ええ。お願いします。」

「嫌われないように自分の気持ちを我慢してきてうまくいきましたか？」

卯月は思わず目を見開いた。そして、何も言えなくなってしまった。

人に合わせてきて、自分の気持ちを我慢してきて、嫌われないようにしてきたのに、結局、私がいなくなっても困る人なんて家族だけだし、恋人にも同僚にも友達にもいいように使われるばかりで、全然うまくいってない。

その気づきは卯月にとってすごく大きなものだった。

我慢していれば丸く収まると思っていたのに、そうじゃないことに気づいてしまった。

我慢するのってその場しのぎにしかならないのかも。

じゃあ、我慢せずにもっと素直に思ったことを言えばいいの？

でも、それだったら喧嘩になっちゃうよね？

「でも、自分の気持ちに素直になったら父みたいな人になってしまうんじゃないかと思って。」

「お父さんはそういう方なんですか？」

卯月は父のことをありていに話した。自分の機嫌をそのまま出す人で、気に入らないことがあるとどこでも怒鳴り散らす人だった。

「お父さんはほんとうに自分の気持ちに素直な方だと思いますか？」

また難しい質問だ。

え？あれはお父さんの素直な気持ちじゃないの？

そう思った時、母の言葉が思い出された。

「ほんとうは気の弱い人だと思うようになってね。不器用で頑固でね。だから、途中からはなんだかかわいそうな人に見えてきて。」

もしかして、お父さんは素直だったんじゃなくて強がっていただけなのかも。

そう思うとなぞがひとつ解けたような気がしてすっとした気分になった。

「なんか分かったような気がします。私は素直な気持ちを我慢して、父は素直になれずに強がっていただけなのかもしれません。」

「素直になるって難しいんですよ。大人になると特に。プライドもありますし、舐《な》められちゃいけないという思いもありますし。素直さを出すと傷つけられるのではないかと感じますからね。」

卯月はうんうん首を振って納得した。

「だから、多かれ少なかれ大人は素直な気持ちを隠して生きていると思うんです。皆我慢しているのかもしれません。」

「マスターも何かを我慢することってあるんですか？」

思わず卯月は聞き返してしまった。

「もちろんありますよ。こういう仕事をしていますと感じのいいお客様ばかりではありませんし、ご存じないかもしれませんが、うちの店も混雑することがあるんですよ。そういう時はついイライラしてしまうのですが、なるべくその気持ちは出さないようにしていますね。」

マスターの言葉は自然で穏やかで温かく、どこかユーモアがあって、軽く、とても心地よい。

あっ！と気づいた卯月は、それをそのままマスターに伝えてみた。

「そんな風に思っていただけるとはうれしいです。ありがとうございます。私としてはごくごくふつうに話をしているだけなのですけれど。」

にっこり笑いながら答えるマスターを見て「私のお父さんがこんな人だったらな」などと思ってしまった。

「でも、どうしてそんな風になれたんですか？昔からそうなんですか？」

「自分で意識してそうしてきたわけではないのですが、好きな仕事に巡り合えたからかもしれません。実は昔は仕事を転々としましてね。何をやってもうまくいかず、離婚もしました。妻にたくさん暴言を吐きましてね。もう20年くらい前でしょうか。そんな時、たまたまこの店の先代と出会いましてね。コーヒーの魅力に取りつかれてしまったんです。それからは毎日が楽しくて、お客様に喜んでいただけるのがうれしくて、こんな自分も人の役に立てるんだ、って思うようになりました。」

マスターの過去を聞いて卯月は驚いた。

昔からマスターはこういう人だったんだと思い込んでいた。

自分の父のようだった時代がマスターにもあっただなんて信じられなかった。

「先代のマスターが私に常々言ってくれてたことがあるんです。全然自分に自信がなかった頃でしたが、これをやったおかげでだいぶ変われたのかもしれません。」

Training 22
毎日自分を10個褒める

「どんなことでも構いません。朝、時間通りに起きた、いただきますを言ってごはんを食べた、任された仕事を最後までやり遂げた、ちゃんとお風呂に入った、マスターの話を聞いてあげた、とかね。そんな簡単なことでいいんです。むしろ、そうじゃないと毎日続けられませんから。」
正直、へえ、そんなことでいいんだ、と卯月は思った。

自信をつけるにはもっと大きなことをしなきゃいけないと思っていた。

「お会いしてまだ数日ですが、私、ひとつ気がついたことがあるんです。卯月さんってほんとうに素直な方ですよ。」

またマスターは難しいことを言った。私が素直なわけないじゃない。

11月19日 魅力なんてあるの？

温泉ワークを家でやってみたら、思いのほか体が軽くなった。

なんだ、簡単なことじゃないか。

イメージの中の湯舟は真っ黒だった。体のあちこちからどす黒いものが湯ににじみ出てきて、思わず引いてしまうほどだった。

けれど、しばらくお湯につかっているとだんだん透明になってきて、やがて何も出なくなった。

それだけで心がすーっと軽くなった気がしたし、「あ、きれいになった」という実感がなんだかうれしかった。

時々やってみよう、と思った。マスターは良いワークを教えてくれた。

でも、「今より10％素直になったら?」という宿題は難しかった。

10％増ってことはちょっとだよな。

面倒な仕事を押し付けてくる先輩に反抗するかな?

後輩に「もっとしっかりして!」って言うかな?

彼にも「もっとしっかりして!」って言うかな?

やっぱり自分はいろんなものを無理して引き受けているみたいだ。

ずっと「いい子」をしてきたみたいだ。

でも、実際はそんなことできないなあ。

カウンター席の隅っこで人通りを眺めながら卯月はそんなことを考えていた。仕事帰りにこの店に寄ることが楽しみになっていたが、さすがに毎日顔を出すのもなんだか恥ずかしいと昨日は我慢した。この店のコーヒーはそんなに高くはないけれど、連日通うのは安月給の会社員には厳しい。

自分を10個褒めるのって難しい。

昨日も今日もスマホのメモは10個に到達していない。

「できれば今日中になんとか！」と営業さんから頼まれた書類も、結局間に合わず「じゃ、いいよ、明日で」と半ギレされた。その時は反射的に「すいません！」って頭を下げたけど、でも、なんで私が謝らなきゃいけないんだ？と後で腹が立った。

一応、そのほかの仕事はミスなくこなしたけど、そんなの当たり前だしなあ。それも褒めていいのかな？

そういえば、ちゃんと朝、お弁当を作った。いつもより早く起きられたからだ。

それは褒めてあげてもいいだろう。

ずっと自分のダメなところばかりを見てきたから、褒めようと思っても全然見つからない。

褒めるところを探そうとするだけでダメなところを思いつく。

それに怖い、自分のいいところを認めるなんて。調子に乗ってしまいそう。

そんなことをあれこれ考えていたらいつの間にかマスターが正面にいた。

「自分を褒めるのって難しいです。」

「そうですよね。そんな簡単にできませんよね。これも慣れといいますか。」

「マスターはできるんですか？」

「ええ、できますよ。卯月さんのためにおいしいコーヒーを淹れられた。その前にいらっしゃったご夫婦にも丁寧にコーヒーを淹れました。ホットケーキも注文されたので、おいしく焼いてさしあげました。」

「それはなんかずるい気がします。コーヒー以外でお願いします。」

「朝、お店に来たらまず掃除をするんですね。お手洗いもきれいにします。これでまたひとつ。カウンターもテーブルも拭き掃除しました。それでまたひとつ。」

「そう思うとすぐに10個集まりそうですね。でも、それでいいの？と思っちゃうんです。だってマスターがおいしいコーヒーを淹れるのは当たり前のことじゃないですか。」

「そうですね。当たり前のことだと思いますよね。けれど、どうでしょう？当たり前のことを当たり前にできるのも褒めるポイントなんじゃないでしょうか？」

卯月は思わずハッとした。当たり前のことを当たり前にすることの難しさ。

卯月は入社して8年になる。事務の仕事はできて当たり前だと周りからは思われている。けれど、ミスもするし、分からないこともあるし、全然当たり前にできていない。

「当たり前って思ってしまうと感謝ができなくなるんです。だから当たり前の反対言葉は『ありがとう』なんです。有り難い、ですからね。」

卯月はまた目を見開いて「なるほど！」という顔をした。

「あともうひとつ聞いていいですか？自分を褒めると調子に乗ってしまいそうで怖いんです。」

「そうですね。そうおっしゃる方もたくさんいらっしゃいますね。私はそういう方ほど少しくらい調子に乗っていいと思うのですが。元々謙虚すぎるんじゃないでしょうか。」

「そうなのかなあ？調子に乗るくらいがちょうどいいってなかなか思えないですね。」

「じゃあ、さらに調子に乗せてしまう話をしましょうか？」

また新しい宿題が出される。卯月はそう思って身構えた。

Training 23
自分の価値や魅力を受け取る　その1：投影

「あなたの周りの人にはどんな魅力を持った人がいるでしょう？」

私の周りの人の魅力？？？

彼、友達、会社の人の顔を思い浮かべていく。

彼の魅力……なんだかんだいって優しいよね。頼りないけど。気まぐれで自由人というのも魅力なのかな？一応、夢を追いかけてるか。そこも魅力だよね。あと仕事している時は配慮ができるし、コミュ力も高いなあ。自分の気持ちに素直なところもあるか。

あ、忘れちゃう、と思って卯月はスマホでメモを取り始めた。

そして、いろんな人のことを思い出しながらその魅力を打ち込んでいく。

かわいい。顔もだけど性格も。

私の話をいっぱい聞いてくれる。聞き上手。

頑張り屋さん。

仕事がデキる。早い。

感受性が豊かで涙もろい。

嘘をつかない。信用できる。

まっすぐなところ。

何かに夢中になれるところ。


ふだん、あまり意識しなかったけれど、こうやって周りの人たちの魅力に目を向けると自分が素敵な人に囲まれていることに気づいてきた。

「私って人に恵まれてる。」

独り言のように卯月は呟く。

マスターはその様子をお湯を沸かしながらニコニコして見守っている。

卯月はコーヒーがすっかり冷めてしまうのにも気づかないほど時を忘れてメモをしてい

た。

「みんな、魅力的な人ばかりでこんな私と一緒にいてくれてありがとうって気持ちになります。でも、同時に、自分にはみんなみたいな魅力が何もないって思ってしまいます。」

ため息をついてしまった。

自分には何のとりえもない。みんなみたいな魅力なんてない。

「今から信じられないことをお伝えしてもいいですか？」

「えっ？怖いです。な、なんですか？」

「今書いてくださった周りの人たちの魅力。実は卯月さん自身の魅力なんです。」

「えっ？ど、どういうことですか？これが私の魅力？」

卯月はスマホの画面を目を丸くして眺めた。

信じられない。そんなわけがない。むしろ、自分にないものばかりだ。

「これは心理学でいう『投影の法則』に基づいた魅力発見法なんです。自分の中にある魅力を他人に映し出して認識しているんです。」

「いやいや、それは違います！どれも私にないものばかりです！ないものねだりじゃないんですか？」

珍しく声を荒らげて卯月は反論した。

そんなわけない、そんなわけない。

マスターを見つめながら卯月はそう呟いていた。

それを穏やかな笑顔で受け止めつつ、マスターは言った。

「そう思われますよね？ 無理もありません。誰もすぐには信じられないものだと思います。」

そう言うとマスターは次のように説明してくれた。


自分の心の中にないものを他人に見ることはできません。

もし、心の中にないものを見れば、「よく分からないもの」「不思議なもの」「得体の知れないもの」という風に私たちは感じます。

例えば、卯月さんが「あの人の素直さが魅力だ」と感じたとしましょう。

卯月さんの中に「素直さ」がなければ、その人の素直さは見えませんし、それが魅力であることも分かりません。

私たちは自分の魅力にとことん無頓着なんです。

卯月さんが素直さを持っていても、それがあるのが当たり前だし、意識して素直になろうとしているわけではないので、自分ではそれを持っていることに気づけないのです。

そういう時に「投影の法則」が役立ちます。

自分の心の中にあるものを人に映し出すわけですから、自分では気づいてなくてもほかの人に映し出された素直さに気づくことができるのです。

良かったらそのリストを見せてもらえませんか？

わ、フォントが小さいですね。さすがお若い。

例えば最後に「何かに夢中になれるところ」ってありますよね。

卯月さん、夢中になってこのリストを作られていましたよね。

もちろん、中にはこれは全然違うと感じられるものもあるでしょう。

もしかすると、自分の心の中にはあるけれど、それをあまり活用されていないのかもしれません。

だから、そういう魅力がリストに書き出されたのであれば、それは自分自身の可能性という風に解釈できます。

友達と一緒にお互いの魅力を書き出してみたり、職場の人たちとやってみたりするとすごく理解できると思いますよ。

きっとほかの人が書き出した魅力を見たら「そうよ！あなたはそういう魅力を持っているよ！」と思うでしょう。でも、ご本人は先ほどの卯月さんのように否定されますね。

投影の法則を理解するのは難しいので、ただそういうことなんだな、と思っていただければそれでよいのです。


まるで先生みたいだ、と卯月は思った。この人は何者なのだろう？

妙に説得力があって、嘘偽りのない言葉のように聞こえる。

もう一度卯月はリストを眺める。

マスターがそう言うのであれば、もしかしたらこれが私の魅力なのかもしれない。

そう思うと心が落ち着いて、じわじわとうれしい気持ちが湧き上がってきた。

しかし、同時に「違う！そんなわけはない！」という自己否定も湧き上がってきて、卯月の心はぐちゃぐちゃになった。


「おそらく卯月さんは自分をとても低く評価されているのでしょう。いいところなんて何もなくて、欠点ばかりだと思っていませんか？」

卯月は黙ってうなずいた。

「欠点ばかり見ていたら自分のいいところは見ることができませんよね。また、仮に人から褒められてもそれを素直に認めることができなくて、違う！って思ってしまいますよね。」

再び卯月はうなずく。

「そうするといつも自分にダメ出しをすることが癖になりますから前向きになることはできません。仮に今の会社が自分に合わなくても、彼氏に不満があっても、私を雇ってくれているのだから、私なんかと付き合ってくれているのだから、と我慢するしかなくなると思いませんか？」

心を読まれているようで卯月はむしろ怖くなった。なんでそんなに私のことが分かるのだろう？

「そうするとあまり多くを望まなくなるんです。欲しいものも我慢してしまうし、やりたいことだって見つからなくなります。」

正直「もうやめて！」と言いたくなった。このままでは泣き出してしまいそうだった。

「そんな卯月さんにぜひしていただきたいことがあります。わがままのススメです。」

Training 24

欲しいものを欲しいと言ってみる

この間、友達に「今度の誕プレ何がいい？」って聞かれたけど、何も答えられなかったことを思い出した。だからいつものように「なんでもいいよ！なんでもうれしいし！」と返事をしてしまった。

何が欲しいかも分からなくなっている自分に今更ながら気づいて呆然とした。

マスターはその様子を見て助け舟を出してくれた。

「会社に行きたくない！というのもありますね。彼氏さんと結婚したい！とも思わないですか？」

思う。めっちゃ思う。けど、そんなの怖い。認めたくない。卯月は反射的にそう思った。

「**ずっと我慢するのが当たり前になっていると、欲しいものを欲しいと認めることすらできなくなってしまうんです。別に会社に行きたくないって思ってもいいんですよ。それが素直な気持ちなのですから。まあ、だいたいそれでほんとうに会社に行かなくてもいいとはならないですよね。行きたくないなあ、と思いながら、生活のために！頑張って会社に行けばいいんです。そうすると自分のことをひとつ褒められるんですよ。やりたくないことを頑張っている自分って偉いなあって。**間違っても、会社に行きたくないなんて思っちゃいけない、なんて思わなくていいんです。」

そうか。欲しいものを欲しいって言うだけでいいんだ。自分の気持ちを認めるってそういうことなんだ。

そう思ったら次々と欲しいものが浮かんできた。

新しいブーツが欲しいし、新作のリップも買いたいし、たまにはおしゃれして彼とデートしたいし、海外旅行にも行ってみたいし、もっと給料が良くて仕事が楽な会社に転職したいし。

考えただけで、にやにやしてきた。

「ほんとうに素直な方ですね。」

マスターに褒められて今度は素直にうれしくなった。

「じゃあ、これからはもっと自分を褒めてあげることにしましょう。例の宿題、ぜひ続けてくださいね。それともうひとつ。こういう視点を持ってみるのもいいと思います。」

Training 25

あなたが背負ってきたものは何？

「言い換えると『あなたは誰のために頑張ってきたの？』というほどの意味になります。」

卯月は黙って思い出してみた。

父に悩まされている母を守らなきゃと思ってきた。

自分はしっかりしなきゃ、母を安心させてあげなきゃと思っていた。

弟のことも自分が守らなきゃと思っていた。

よくよく考えれば今まで付き合った人に対しても、私が頑張らなきゃと思ってきた。

仕事を押し付けてくる職場の同僚のこともたぶん背負っている。

そうか、私、いろんな人を背負ってきたんだ。

「私、けっこう頑張ってきたんだ。」

素直な卯月は思わずそう口に出してしまった。

11月20日 受け取る。

夕方、彼から「今日、家行っていい?」とラインが来た。事前連絡があるなんて珍しい。

今日はちゃんと話をしようと思う。欲しいものを欲しいと言うチャンスだ。

とりあえず、早めに帰って晩ごはんの準備をしよう。

何時に来るかを聞いてみたけど安定の既読スルーだ。


バイトが早く上がれたから、と彼は20時くらいに家に来た。

ちょうどごはんを作り終えようとしているところでタイミングが良かった。

ある意味、これも幸せなことかもしれない、とふと思った。

するといきなり体を求められた。もうちょっとでできるから待って、と言いながらも断りきれない。やはり自分が奉仕する方が主だ。

嫌いではないし、喜んでほしいと思うからするけれど、やっぱり惨めな気持ちにもなる。

ずっと感じていた「どうせヤリモクなんだろうな」という思いも湧き上がってくる。

そんな卯月の気持ちを察したのか、今日の彼はいつもより優しかった。それを喜んでいる自分もいる。


ごはんを食べながら彼はご機嫌でいろいろと話をした。相変わらず卯月は聞き役だ。

自分から話題を振るってのはやっぱり苦手だ。

欲しいものは欲しいと言いたいがうまく言えない。


勇気を振り絞って「私のどこが好きなの?私のいいところってどこ?」と聞いてみた。

「エッチがうまいところ。あと料理も上手なところ。」

ダメだ。こんなこと聞いても彼が真剣に答えてくれるわけがない。

「まあ、こんな俺と付き合ってくれるところ、かな。こんな何もない俺をちゃんと相手にしてくれる女の子なんていないよ。卯月はほんとに優しいしさ、一生懸命俺のことを考えてくれる。俺は卯月がかわいいと思うし、素直で、さ。いいところいっぱいあると思う。」

照れながら褒めてくれた。そんな風に思ってくれているなんて知らなかったし、素直にうれしかった。もっといっぱい褒めてほしいと思った。

同時に彼の言葉が自分の気持ちを代弁してくれているようでびっくりした。

そのセリフをそのまま彼に返したいくらいだった。ん？これが投影の法則？

私たちは似た者同士だったのか？と思い、彼とのつながりを感じられてうれしくなった。

「そう思ってるの知らなかった。もっと言って。」

欲しいものを欲しいと言ってみる。

今より10％素直になってみる。

「えー、やだよ。恥ずかしいじゃん。」

と言いながらも、彼は天井を見つめて「うーん、そうだなあ」と言って言葉を続けた。

「卯月ってきちんとしてるよな。信用できる、というか、絶対嘘つかないもんな。それに、受け入れ上手。突然俺が来ても喜んでくれる。ほんとは眠い日もあるだろうけどさ。この間、追い返されたじゃん？帰り道に反省したんだよな。あまりにも無下に扱いすぎてるよなって。卯月って人のこと、すごく大切にしてるじゃん。バイト先に会社の人と来てくれた時もさ、一生懸命ほかの人のお世話してたじゃん。頑張り屋さんだしな。あと仕事もできる人だと思うよ。なんだかんだずっとひとつの仕事続けていて、すごいじゃん。」

すごくうれしかったのと同時に、昨日喫茶店でスマホにメモしたリストと一致することを言われてるようでびっくりした。

もしかして、彼、私のことが好きなのかも？

卯月はちょっとだけ彼の愛情を受け取れたような気がした。

そして、はっきりと彼のことが好きだと実感した。

温泉ワークの効果かな？自分を褒めてあげてる成果なのかな？

彼の言葉を否定する気持ちもほとんど浮かんでこなかった。


すると彼は急にまじめな顔をして言った。

「俺もいい加減しっかりしなきゃいけないと思ってて。今、実は就活してる。今日、最終の面接だった。就職が決まったら一緒に住まない？」

そして、こう付け加えた。

「ずっとふらふらしてた俺がこういう気持ちになれたのも、卯月が傍《そば》にいてくれたからだよ。」

11月24日

もしかして愛されてる?

とても幸せな気持ちでこの数日を過ごした。

彼が真剣に卯月との将来を考えてくれていることもそうだけど、それ以上に、自分の人生と真剣に向き合っていることが分かったからだ。

マスターに報告したい気持ちがいっぱいで仕事を終えるや否や、喫茶店に飛び込んだ。

彼がたくさん自分のことを褒めてくれたこと。

話しているうちに似た者同士であることに気づいたこと。

彼もまた自分に自信がなく、自己嫌悪が強い人だったこと。

彼が卯月との将来を考えてくれていること。

そして、バイト生活をやめて、正社員の職を探していること。

つい、勢い余ってエッチの話もしてしまった。

それは少し愚痴になってしまった。いつも自分が奉仕してばかりなんです、と。

いったい何を話してるんだろう?と途中で気づいたが止められなかった。

マスターの前ではなんでも話してしまう自分がいる。

「まるでお父さんみたいだ」と卯月は気づいた。でも、お父さんにセックスの話はさすがにしないか、と思い直して笑ってしまった。

Training 26

敢えてマグロになってみる

「こういう話はしづらいのですけど」と前置きしてマスターはいつもより声を落として話し出した。

「どんな人間関係も一方が与えるだけではいつか枯れてしまうものですし、受け取る側も腐ってしまうものです。だから、時々役割を交代するといいんです。

卯月さんがいつも料理を作っているのでしたら、たまには彼に作ってもらう。

デートのプランをいつも彼が考えてくれているなら、次回はあなたが考えてみる。

そんな感じでエッチをする時も、役割を交代してみるんです。

だから、今度会う時は『今日は私がマグロになるから、全部お願い』って言ってみてください。」

もしかしたらこれはこれまでの宿題の中で一番難しいかもしれない。

それを言うのはすごく勇気がいるし、彼がＯＫしてくれるとは思えないし、そもそも、ただ寝てるだけで全部彼にしてもらうなんて、恥ずかしくてもぞもぞしてしまう。

けど、そういうのも必要なのか、と思えた。

マスターも恥ずかしかったのか、すぐに話題を変えた。

「まあ、これはゲームみたいなものだとして、この間のリストに書かれた魅力は受け取れましたか？」

実は昨日、そのリストをさらに増やすことに成功していた。

職場で周りの人たちを見ながら、あの人にはこんな魅力がある、と片っ端からメモしていたからだ。

お願い上手。器用。字がきれい。男らしい。女らしい。スタイルがいい。愛嬌がある。面白い。リーダーシップがある。誠実。声がかわいい。仕事がとても丁寧。決断力がある。メンタルが強い。

他の人の魅力を見つければ見つけるほど自分にあるとは到底思えないものも出てきた。

これが自分にある？　いやあ、ないでしょう、というものも多数あった。

「マスター、男らしいって魅力を見つけたのですけれど、それは私が男らしいということなんですか？」

「いい質問ですね。卯月さんはその人のどんなところに男らしさを感じられたのですか？」

「物事を決めるのが早かったり、責任感が強かったり、任された仕事を最後までやり遂げたり、男気みたいなのを感じたりするところですね。」

「その要素が自分にもあるのかも?と思ってみてください。彼氏さんを支えている卯月さんはけっこう男気あるんじゃないかと私は思いますよ。」

「え?そうですか?なるほどそういう風に見えるんですね。けど、これが自分の中にあるのか、と思ってもなかなか認められないんですよね。彼に褒めてもらえてうれしかったんですけど、具体的にどこを褒められたのかってあんまり覚えられなくて。どうしたらもっと素直に魅力を受け取れるのでしょう？」

Training 27

自分の価値や魅力を受け取る　その2：取材

「無理にそれを自分の魅力だ！と思い込もうとすると感情が反発するんですね。だから、ただそのリストを眺めておくくらいの感じがちょうどいいんです。

ほんとかなあ？そんな魅力があるのかなあ？なんて思いながら、あったらいいなあ、くらいの気持ちで眺めるんですね。

そうして、潜在意識よりも下にある無意識の層に浸透させていくようなイメージを持つんです。そうすると知らないうちにその魅力を受け入れられるようになり、そして、知らず知らずのうちに活かせるようになります。

だから、あんまり頑張ってやろうとしちゃいけないのです。」

そうか。せっかく自分の魅力を見つけたんだからそれを頑張って受け入れなきゃ、信じなきゃと思っていた。

「だから、どちらかというと暗記するような気持ちで見た方がいいかもしれません。そうす

ると、自分にそういう魅力がある証拠みたいなものを見つけたり、思い出したりするようになるでしょう。中学生の時に先生が通知表に『責任感があります』って書いてくれたことをふと思い出したり、確かに任された仕事はちゃんとやってるなあ、と仕事中に自覚できたりするでしょう。」

そういう自然なのがいい。頑張るのはいやだ。

「良かったら友達にも聞いてみませんか？『私の長所や魅力を教えてください』って。長い付き合いの友達であれば、卯月さんのいいところをたくさん知ってらっしゃると思いますよ。」

え？これまた勇気のいる宿題だ。

これならまだマグロチャレンジの方がマシにも思える。

でも、確かに興味はある。友達がどう思ってくれているのか。

以前の卯月であれば即座に否定しただろう。しかし、だんだん素直になって、彼も変化し、魅力を少しずつ受け取れるようになってきた今は比較的簡単にその勇気も出せる。

スマホを取り出して友達のライングループに投げようと思って、いや、ひとりずつ聞いた方がいいよね、と思い直した。

「今、ちょっと自分に自信をつけたくて。良かったら私の長所や魅力があったら教えてくれない？」

何人かの友達に続けて送ってみたが、即座にすごい恐怖が襲ってきた。

友達のひとりのラインに既読が付いた。それだけでドキドキした。

このままスルーされたらどうしよう？

すると彼女からいきなりライン電話がかかってきた。卯月は慌てて店の外に出る。心臓は近年まれにみるほどドキドキしている。

「何かあったの？突然あんなライン送ってくるなんて何かあったんでしょ？」

元々、行動的な彼女だけど、まさか、ここでそれが発揮されるとは思わなかった。どう説明しようか迷っていたら矢継ぎ早に「彼となんかあった？あの男が何かした？それとも会社でヤバいことが起きたとか？」と質問を投げてきた。

「そうじゃないの。安心して。文面通りだよ。私、自分に全然自信がなくて、それをなんとかしたくて。それで友達に自分のいいところを教えてもらうって課題をやってみようと思ったの。」

「あ、そうなの？何かあったわけじゃないの？卯月のいいところでしょ？今、ここで言う？あ、でもラインで送った方が証拠が残るか。すぐに送るね。」

と一方的に切られた。とても信頼している友達だけど、行動力がありすぎてついていけないことも多い。一緒に京都に旅行した時なんて、常にお尻を叩かれて次はここ、その次はあそこって連れまわされたっけ。でも、それが楽しかったし、ずっとおしゃべりして笑っていた。いい思い出だ。

この人と友達であることの喜びを感じながら店に戻った。

コーヒーを一口する間もなく通知が鳴った。

「卯月のいいところ。かわいい。素直。天然。面白い。話が合う。私にどこまでも合わせてくれる。頭がいい。丁寧。誠実。すごく優しい。一緒にいると安心する。いつも助けてくれる。頑張り屋さん。いい意味で頑固。どんと構えてる。何があっても大丈夫って気がする。今度またごはん行こう！彼とのことも聞きたいし。いつ空いてる？」

彼女の勢いそのままの文面に思わず笑ってしまった。

そして、確かに投影の法則ってあるかも、と思った。ここに書かれている卯月の魅力は卯月が彼女に対して感じているものとほぼ一致する。

「以前よりずっと笑顔が増えていますね。」

マスターの声が唐突に上から降ってきてまたびくっとしてしまった。

そう？笑顔が増えてる？

確かに今、とても幸せかも。

今までの人生でそんな風に思ったことって……なかったかも？

別の友達からもラインが来た。

「どうしたの？何かあった？今、仕事帰りだから帰ったら送るね。」

やっぱり心配されていた。そして、そんなにも心配してもらえるなんて思ってもみなかった。

卯月は先の友達に言ったのと同じことを返信して、「ありがとう」と付け加えた。

これだけ心をこめてありがとうを伝えるのはいつぶりだろうか？

にやにやしている姿をマスターに見られてももう気にならなくなっていた。

そして、気がつけば閉店時間を過ぎている。

急いで卯月がお会計を済ませて店を出ようとするとマスターが一枚のメモを渡してきた。

Training 28

自分が愛されている証拠を探して受け取る

そのメモにはそう書かれていた。

自分が愛されている証拠？

おそらく少し前の卯月だったら見なかったことにしてバッグにそっとしまっただろう。

でも、今は違う。

すぐに友達ふたりの顔が浮かんだ。

彼女たちのラインが愛されている証拠だ。

それに彼に対しても愛されているのかも、と思えるようになっていた。

数は少ないかもしれないが、これで十分のような気もした。

電車に揺られながら卯月はぼーっと窓を見ていた。地下鉄だから、当然そこには自分の姿が映る。少し前までは鏡を見るのもいやなほど自分が嫌いだった。

けれど、今はちょっと違う。

私、変わったんだ。

そう心から思えてうれしくなった。

11月27日

遠くから見守る愛。

喫茶店の扉を開けた。わずか3日顔を出さなかっただけなのにずいぶん久しぶりな気がした。

正直、給料日前で家計が厳しかったので我慢したのだ。

ただ、この間に卯月を凹ませるできごとと喜ばせるできごとの両方が起きて、感情的にはなかなか忙しかった。

まず、彼が最終面接に落ちたこと。

卯月にとってもそれはショックなできごとだったが、それ以上に「なんかやる気なくした」とバイトをずる休みして卯月の家に入り浸る彼に幻滅してしまった。

「どうせ、俺はダメな奴なんだよ。」

卯月は一生懸命励ましたし、長所をたくさん伝えた。でも、やはり彼にとっては大きな挫折だったのだろう。「ありがとう」と卯月の言葉を受け取ってくれる一方で、ため息をつきながらずっとスマホをいじっていた。

「なんで私はこの人と一緒にいるのだろう？」

彼の服をたたみながら今までとは違うむなしさを感じていた。


以前だったらそんな彼に引きずられて自分も暗い気分になっていただろう。

しかし、今の卯月はそんな彼を冷静に見ているし、多少気分が乱れるものの、引きずり込まれて辛い思いをすることもなかった。

やはり、卯月の心はこの短い期間で変わったのだ。

友達はみんな卯月の魅力を伝えてくれた。

ひとつひとつのメッセージがうれしくて、そして、みんな自分の味方でいてくれたんだ、と思えた。どちらかというと「友達として付き合ってもらっている」くらいに思っていたがそれは自分の勘違いであったことにも気づかされた。

みんな一様に「卯月にはたくさん助けられた」と書いてくれた。

私がみんなの役に立ったことがあったの？

不思議で仕方がなかった。

自分は何もしていないと思っていたからだ。

ふとマスターの言葉がよみがえる。

「自分の魅力は自分では気づけないもの。あって当たり前のものだから。」

そっか。私は自分なりに友達と接していた。そのどこか、自分では全然気づかないところでみんなを助けることをしていたんだ。

いったい自分は何をしたんだろう？

大したことはしてないように思うが、でも、きっと彼女たちがそう言ってくれるだけのことをしたのだろう。

そのラインのやり取りから自然とそれぞれとランチしたり、お茶したりする予定が決まっていった。そして、彼女たちに会えることにわくわくしている自分がいた。これまでは友達だけど少し緊張感があって、そして少し頑張って会っていたからだ。

母とはあれ以来、頻繁に連絡を取り合っている。

友達に対するのとは違う勇気を必要としたが、思い切って自分のいいところをラインで聞いてみた。

「あんたはね、昔からとにかく優しい子だった。周りに気配りができる、ほんとにいい子だった。お父さんがあんな人だから私は卯月にだいぶ甘えちゃってたのかもしれない。でも、卯月はいつも傍にいてくれて私の話をたくさん聞いてくれた。ほんと助けられたよ。」

すぐにその文面をスクショして保存して、何度も読み返した。

自然と涙が出てきた。

私は母の役に全然立っていないと思っていたけれど、そんなことはなかったのかもしれない。

母からも助けられたと言われて不思議な気分になった。

そう、私はただ話を聞いていただけだ。何のアドバイスもしていないし、全然助けたような気もしない。むしろ、何も言えなくてただ話を聞くしかなかったのに。

「話を聞いてもらえるってどれくらいうれしいことでしょうね。否定もせず、ただただ話を聞いてもらえる経験なんてなかなか人はできません。だから、そんな風に黙って話を聞いてくれる人がいるとみんな助けられたような気持ちがするんです。」

例によってマスターは的確な言葉で説明をしてくれた。

「どうやら卯月さん、自分が思っている以上に愛されてきたみたいですね。」

Training 29

今まで自分を愛してくれた人をリストアップして感謝と共に愛を受け取ろう

「感謝の手紙を書いてみるんです。本人に渡さなくてもいいですし、もちろん渡してもいいです。愛してくれてありがとう、という言葉を、どんなことがあったのかも書き添えて1通の手紙にするんです。」

なるほど、今の自分なら書けるかもしれない。

母と友達。彼にも一応書けそうだ。でも、今の彼はこれからのことを悩んでいるので後回しにしたい。弟にもふつうに書けると思う。

父。そう思った時、卯月の思考は停止した。

父はほんとうに私を愛してくれていたのだろうか？

全然思い当たるところがない。

卯月は実は男性が少し苦手なのだ。

職場の男性でも仕事上の話ならなんとかできるが雑談はできない。何を話していいのか分からなくなる。

今の彼の前にもあいまいな関係の人はいた。彼女がいたり、結婚している人だったり、遊び人だったり。

大学生の時に少しだけ付き合った人がふたりいるが、ひとりは手も握らないうちに振られてしまったし、もうひとりもバイトばかりしてほとんど会ってくれなくて自然消滅した。

男運が悪いのかなあ、と思いながらコーヒーをする。

父。男尊女卑な古い考えの人で、娘のことなんてどうでもよかったのかもしれない。一緒に遊んだ記憶もなければ、かわいいなんて一言も言われたことがない。理不尽に怒られることはあったけれど、優しい言葉なんてかけられたこともない。

そう思うと胸に寂しさがこみ上げてきた。

「父親の愛って難しいんですよね。私の父なんてそれこそ昭和一桁《けた》生まれの人で、愛情どころか感情ひとつも出さず、ひたすら不機嫌そうにしていたんです。父親ってそういうもんだと思ってました。私が大学に合格した時もおめでとうの一言もなく、ただ『そうか』と言うだけだった。でも、あとで母に聞いたところ、実はすごく喜んでいたらしいんです。私の父は時代が時代でしたから大学に行くことができず、高卒で働いていましたから、息子が大学に合格したことが自分のことのようにうれしかったそうです。もしかすると卯月さんのお父さんも卯月さんの知らないところで愛してくれてたのかもしれませんよ。」

と、マスターは言った。

私が大学に合格した時はどうだったんだろう? あんまり喜んでくれなかったかもしれない。

ふーっとため息をつくとふと、古い記憶がよみがえってきた。

小学6年生の運動会だ。

その前夜、母が「卯月、今年で卒業なんだから一度くらい運動会を見に来てくれてもいいじゃない?」と父に言っているのを耳にした。

父は「俺には関係ねぇ」みたいな反応をしていた。

正直卯月は父に来てほしくなかった。

同級生にこんな人が父親だとバレるのが恥ずかしかったし、父の前で走ったり、踊ったりするのもすごく嫌だった。

当日、ドキドキしながら保護者席を見ると母だけが来ていたのでひどく安心したことを覚えている。

でも、昼頃、少しだけ見に来てくれたらしい。

6年生全員でのダンスと、卯月が出た縦割りの障害物競走を見てすぐに帰ってしまったそうだ。

そのあとに弟がアンカーを務めるリレー競走が控えていたのに、それも見ずに。

運動会が終わって母からそう聞かされた時、うれしいどころか気持ち悪いと思った。


「人の愛し方っていろいろあるんですよね。ストレートに言葉で表現する人もいれば、お金や物で愛情を示す人もいますし、スキンシップが愛情表現だという人もいます。でも、それだけじゃないんですよね。心配性の人は心配することが愛情だし、黙って相手に合わせ、付いていくという愛し方をする人もいます。そして、日本人に意外に多いのは遠くから見守る、という愛し方ですね。これはほんとうに分かりにくいです。」


そんなマスターの言葉を聞いて、もしかして父もそうだったのでは?と思った。

遠くから見守る愛。

それじゃあ、全然気づけないよ、と思うのだけど、実は卯月自身にも心当たりがあった。

恋の目覚めは意外に早く、小学校低学年の頃にはクラスに好きな男の子がいた。けれど、告白どころか近づくことも話しかけることもできずに、ただ遠くから眺めるだけだった。それはその後も変わらず、関係を持った人はすべて向こうから来てくれた人で、卯月は一度も自分から好きな人に近づいたことはなかった。父のように、興味のないふりをして、遠くから見守るだけだった。

それが父なりの愛だったのかもしれない。

父も自分のことを迷惑な存在だと思っていたのかな？かつての私のように。

父も自分のことがすごく嫌いだったのかな？かつての私のように。

そう思ったら、父が急に近しい存在に思えてきた。

もしかして、私、父に愛されてた？

信じ難いその仮説は十分卯月の心に響くものだった。

「私、自分から好きな人に近づいたことってないんですよね。そもそも男の人にどう接していいか分からないし、どう話しかけていいのかも分からないんです。」

「そういう時は『相談する』といいんです。その人の得意なことに合わせて質問をしてみるんです。」

Training 30

「焼き鳥のおいしい店って知りませんか？」など、人に聞く習慣をつける

「もし、卯月さんが興味のある男性に近づこうと思ったらそんなことを聞いてみるんです。**もし、その人がお店を教えてくれたら『良かったら今度連れて行ってもらえませんか？』って言えれば最高です。それがきっかけになって話が広がることも多いと思います。**

その人がゴルフをしているならゴルフのことを質問してみるんです。

その人が車好きだったら車のことを、音楽好きだったら好きな音楽のことを。

人は好きなものについて聞かれるとおしゃべりになるものです。もちろん中には冷たい反応をする人もいますから期待しすぎるのは禁物ですけどね。

それと卯月さん。**あなたは皆さんがおっしゃるようにとても優しい方だと思うんです。聞き上手ですし、面倒見もいいですしね。そういう方は相手のことを気にして抱え込みやすくなりますし、いろいろと引きずりやすいんですね。何気なく言われた一言をずっと『どういう意味なんだろう？』って考えていたりしませんか？そういう方って人間関係がしんどくな**

りやすいのです。」

Training 31
ちょっとドライかなあ、というくらいの態度で接する

「**これは具体的にどうというよりも、そういう意識を持つ、ということなんですね。優しいのだけど罪悪感が強い方って、必要以上に心の距離を詰めやすいのです。だから、ドライかな?というくらいの態度でちょうどよくなるんです。**でも、罪悪感も薄れてきていらっしゃいますし、周りの人からの愛も受け取れるようになりましたから、きっと今ならできると思います。」

確かにマスターの言う通りだった。

先日も、ミスをした後輩が落ち込んでいたので慰めたのだけど、そのことで数日間、彼女の様子を気にしてしまった。元気な様子を見て安心しても「それって演技じゃないの?無理してない?」などと考えてしまっていた。

同僚から仕事を押し付けられたであろう時だって相手のことを考えるあまり、つい引き受

けてしまうことがほとんどだ。すごい量の仕事を任されてるのかもしれない、とか、プライベートで何かあったのかもしれない、といらない心配をしてしまう。

ちょっとドライかなあ、という態度って具体的にどんなものなんだろう？

マスターがそれをはっきり言わないってことは具体的な行動ではなく、心の問題ということなのかもしれない。

そう思ってあまり深く考えないようにして帰路に就いた。

最寄りの駅に着く頃にはそんなことは忘れていた。それも卯月には珍しいことだった。

改札を出ると足早にドラッグストアに向かった。前々から欲しかったハンドクリームを買うのだ。少し値の張るそれは今までなら我慢の対象であった。でも、欲しいものは欲しいと言えるようになってきた卯月にとっては手に入れても良いものに変わっていた。

卯月はドラッグストアに入るなり、店員に「このハンドクリームってどこにありますか？」とスマホで写真を見せて聞いた。いつもなら「忙しいかもしれないから邪魔をしちゃいけない」と遠慮して何としてでも自力で探し出していたのに、今日は欲しいものを手に入れたい気持ちの方が勝っていたようだ。

11月28日

コンフォートゾーンから飛び出す。

ハンドクリームのいい香りは幸せな気分にしてくれる。

自分と向き合いたかったからこの数日は彼が家に来るのを拒んでいた。黙って家に来られても困るから「今日は疲れてるから来ないでね」というラインをあらかじめ送っている。彼も忘年会シーズンが始まってバイトが忙しいと言っていたし、先輩のバーからもヘルプ要請が来ているらしく、卯月はかえって助かったと思っていた。

「愛してくれた人に感謝の手紙を書く」という宿題をやってみたら「もしかしたら自分は愛されていたのかも」という気持ちが生まれた。誰からも愛されていない、とすら思っていた時期があったのに。

「愛される」という基準を高く設定しすぎていたのかも、と気づいたのは弟に感謝の手紙を書こうとしていた時だった。子どもの頃はいつも一緒に遊んでいた。4つ違いだったから「お姉ちゃんが遊んであげる」「面倒を見る」という感覚だった。「弟から愛される」というのはいまひとつピンとこなかった。

特に、これといったエピソードがあるわけではない。弟は父が暴れ始めて卯月がどうしていいか分からず不安になっている時も子ども部屋でゲームをしていた。こいつは冷たい奴だ、と思う一方で、父にペースを崩されず、自分を持っている強さを羨ましく思っていた。

卯月は感情に振り回されやすく、学校で嫌なことがあったり、母と喧嘩したりした時に部屋でよく泣いたり、怒ったりしていた。そんな時、弟はただ一緒にいてくれて、ゲームをしながら卯月の意味不明な話を聞いてくれた。姉弟でひとつの部屋だったからほかに行き場がなくて、ただうわの空で聞いていたのかもしれないけれど、それが卯月にはありがたかった。

大した反応はなくても、卯月は弟にいろんな話をしていた。

「私は甘えていたのか。あいつに。そして、あいつはそれを受け止めてくれてたのか。」

弟は特に何かをしてくれるわけではないけれど、卯月はその存在に安心感を覚え、すごく助けられてきたのだ。

そして、今は離れて暮らしているし、家庭も持ってきちんとした仕事をしている弟が誇らしく思えた。

今日はどうしてもマスターに会いに行きたかった。相談したいことがあったからだ。

だから、できるだけ定時に仕事を切り上げたいと思って朝から月末処理に奮闘した。

夕方、同僚が「お願いがあるんだけど。今日、どうしても早く家に帰らなきゃいけなくて。この仕事任せてもいいかな?」と頼んできた。

その顔には「もちろんOKよね?」と言いたげな表情がはっきりと浮かんでいた。

「すいません。今日は私も用事があるので無理です。」

あっさり卯月は言った。

「えっ?な、なんで?ど、どんな用事なのよ?」

びっくりした同僚は動揺を隠しきれずに詰め寄ってきた。

「私にも用事がある日があるんです。すいません。」

卯月は自分でも冷たすぎる反応をしているんじゃないかと内心はドキドキだった。これでキレられたらどうしよう?と不安になりながら困惑している同僚の顔を見た。

「あ、ごめんなさい。無理ならいいわ。」

引きつった表情でそう言うと同僚は自席に戻っていった。卯月のドキドキはますます強まった。これで彼女に嫌われるのではないか?陰口を叩かれるのではないか?と不安になってしばらくは何も手に付かなかった。

でも、それでもいいや。嫌われたっていいや。どうせ……。

慌ててその先の思いは意識しないようにした。

そして、改めてNOを言えた自分にびっくりしてしまった。

「変わりたいんです。すごく。」

カウンター席に座るや否や卯月はマスターにそう言った。

これまでは不安や恐れが強く、びくびくしながら生きていたが、それが嘘のように前向きな気持ちを持てるようになっていた。

相変わらず穏やかな表情で卯月の言葉と気持ちを受け止めたマスターは、

「やはり素直で、まっすぐで、頑張り屋さんですね。」

と微笑《ほほえ》みながら言った。

Training 32
感情的リスクを冒す

「なんでもいいんですけど、前からやりたかったり、やった方がいいと思っていたけどまだやってないことはありませんか？あるいはコンプレックスになっていてほんとうはなんとかしたいと思っていること。それは習い事でも、勉強でも、仕事でも、スポーツでも、人間関

係でも、どんなことでも構いません。」

やれてないことなんて山ほどあるし、コンプレックスの塊だし、と卯月は天井を眺めながら考える。

「そんなのたくさんありすぎて迷います。」

「例えば、ですが、ある方は惰性で付き合っていた友人関係を整理しました。また、ある方は思い切ってテレビを捨てました。被災地でボランティアを始めた方もいますし、いきなりバイクの免許を取りに行った方もいます。ずっと興味があったベリーダンスを習い始めたり、シャンソンを歌い始めた方もいれば、お片付けやアロマテラピーなどの資格を取った方もいます。もちろん、海外に移住したり、転職したり、離婚したり、地方に移住して農業を始めたり、大きなチャレンジをされた方もいらっしゃいますね。」

マスターの話を聞いているうちに卯月は少しずつテンションが下がり始めた。

自分にずっと自信がなく、子どもの頃からもう一度やり直したいと思うことが多かった卯月の脳裏にはあらゆることが浮かんできた。車の運転もできないし、英語も話せない。習い事を始めても続かないし、家事もあまり得意ではない。

「人って知らないうちにコンフォートゾーンの中で生きるようになるんです。コンフォートゾーンというのはいわば心理的な縄張りですね。だから、もし変化を望まれるならばそこから飛び出してみるといいんです。これを『感情的リスクを冒す』と言います。つまり、今ま

でいた世界を飛び出すために新たな扉を開けるイメージですね。『殻を破る』と言ったら分かりやすいでしょうか。」

どんどん気持ちが沈んでいく。

「自分にそんなことができる自信がないんです。変わりたいなんてほんとうは思っていないのかもしれません。調子に乗っていただけかも。なんか怖くなっちゃいました。」

さっきまでの変わりたい気持ちはしぼみ、また弱気な自分が出てきた。

「自信があってやることはコンフォートゾーンです。私の話を聞いて怖くなったのであれば、卯月さんはもうすでにそこから1歩踏み出しているんですよ。」

「え?そうなんですか?これで?」

「ええ、誰でも新しい扉を開いて新たな世界に踏み出すのは怖いものです。大丈夫だと思っていても不安なものです。だから、感情的リスクを冒し始めると必ず人は恐れや不安を感じるのです。すぐに何をするかを決める必要なんてありません。」

「じゃあ、しばらく考えてみます。それで感情的リスクを冒してみたいと思います。」

卯月の言葉は決意表明だった。

やはり変わりたい。今までの自分はもう嫌だ。

「卯月さん、お気づきでしょうか?ちょっとしたことですが、以前よりも気分の立ち直りが早いと思いませんか?」

マスターにそう指摘されて卯月は自分の心を見つめてみた。

確かに。今までだったらどんどん気分が沈んでいって自分を責め始めていた。さっきも少しそうなりかけたけど、今は違う。確かにここに座った時よりもテンションは下がっているけれど、自分を責めているわけではない。

心の変化に気づいてホッとした顔をした。

「マスター、ほんとうにありがとうございます。」

するとマスターはまた1枚の紙を渡してくれた。

Training 33

ありのままの自分を見せるイメージワーク

あなたが信頼している人を思い浮かべてください。

ひとりでも、ふたりでも、何人でも構いません。

その人の前に、今の自分を「差し出す」と思ってみてください。

両腕を広げ、胸を張り、大きく息を吸って宣言します。

「これが今の私です。」

そうして、ありのままの自分を見せるイメージをしてみます。

気分の良い時の自分もいれば、そんなによくない状態の自分もいるでしょう。

でも、それが今の自分自身なのだから、ありのままに晒《さら》け出してみるのです。

時に不安や恐れ、恥ずかしさ、抵抗、惨めさ、情けなさ、悲しみ、怒り、罪悪感、いろんな感情があふれてくるでしょう。

そうしたら、その感情もすべてオープンにしてみます。

ありのままの自分を、その信頼している人たちに見せるのです。

そうするとだんだん自分が受け入れられているような、許されているような、認められているような、そんな感覚がやってくるでしょう。

胸のあたりがぽかぽかと温かくなってきたら終了です。


卯月は、今までの自分だったらそんなことは絶対できなかったと思った。

信頼している人なんて誰もいないと思っていた。

でも、今は家族や友達の存在を以前より身近に感じられる。そして、何よりもマスターという人と出会えた。もし、今誰かが「あなたが一番信頼している人は誰ですか?」と質問してきたら、迷わずマスターと答えてしまいそうだ。母よ、すまぬ。

そのイメージワークを読むだけで、恥ずかしさと共に、温かさがこみ上げてきた。信頼している人をリアルに実感できていることもうれしかった。

「それは卯月さんが自分を信頼し始めた証でもあるんです。」

マスターは、またびっくりするようなことを言った。この人にはいつもドキッとさせられる。

「あの、前に話した彼なんですけど、もう別れようと思っているんです。それに今の会社も辞めて転職しようかと。もっと自分がわくわくすることをやってみたいと思うようになったんです。何も決まってないですけどね。いい年してゼロからの出発です。」

「それは素晴らしいですね。でも、ゼロなんかではないですよね。十分プラスです。」

「それで、一度、実家に戻ろうと思うんです。でも、それも迷っていて。」

「それも良い決断だと思います。退却も立派な戦略ですから。何か引っかかることが？」

「彼と別れて会社も辞めたらここにいる理由もなくなるんです。そしたらマスターに会えなくなると思ったら寂しくて。」

「そうですね。うれしいことをおっしゃってくださいますね。私も卯月さんにお会いできないのは寂しいです。それに貴重な売り上げが減ってしまいますしね。」

「でも、まだすぐというわけじゃないですから。またお邪魔します。」

「ありがとうございます。お待ちしています。」

帰りがけにマスターが伝えてくれた言葉がとてもうれしく、駅までの道すがら、卯月は思わず泣いてしまった。

「卯月さん。私はここにいますから。いつでも戻ってきてください。」

その言葉があればやっていけそうな気がした。

第3章

男たちをなぎ倒しながら生きる
武闘派中の武闘派

楠紅緒さんのストーリー

6月23日

姐さん、もしくは、女帝。

楠紅緒《くすのきべにお》は子どもの頃から負けず嫌いで、2歳上の兄を勝手にライバル視してきた。兄は優秀で体も大きく、しかも子どもにとって2歳の年の差は大きいから敵うわけはないのだが、負けるのが悔しくて何が何でも勝とうとしてきたことが原体験になっている。

兄に負けるのが悔しいのだから同級生に負けるなんて我慢できるはずもなく、勉強でも運動でもとにかく1番になりたくてめちゃくちゃ頑張ってきた。

中学受験でも地元の難関校に合格したし、さらに系列の大学ではなくもっと名のある大学に進学し、商社の総合職で内定をもらった。

そこから13年、ずーっと1番になりたくて、ずーっと誰かと競争し、ずーっと走り続けてきた。

古い企業だが男女差別のない会社で、紅緒はとんとん拍子に出世し、同期の中でも一、二を争うポジションにいる。あくまで噂だが会社も紅緒を幹部候補生として見ているらしい。

今は東南アジアの国の開発支援に携わっていて、そのプロジェクトをひとつ任されているリーダーである。そのため出張も多く、今年の2月はほとんどをその国で過ごした。まだまだ男尊女卑の傾向が強い国でセクハラも多かったが、そんなことでくじける紅緒ではない。むしろ、女であることも武器にしたいとすら思っているほどだ。

しかし、かねてからの円安に、資材高騰のあおりを受けて思うようにプロジェクトが進まず、競合している他国の企業に押され気味になっている。紅緒は日々数字とにらめっこしながらなんとか予算を振り分け、現地の担当者と密に連絡を取りながら必死に戦っている。昨日も気がつけば時計の針は23時を回っていた。

確かに体はしんどいが、気力はまだまだ充実しているつもりだった。

しかし、そうした厳しい状況が続いているせいで、メンバーたちが次々とメンタルや体の不調を訴えるようになった。予算の都合で、誰かが休職しても人員の補充があるわけではないから、その分の負担はほかのメンバーに及ぶ。とはいえ、彼らもギリギリの仕事を抱えているから必然的に紅緒がその大半を引き受けることになる。

紅緒は「こんな状況だからこそ、常に前向きに頑張らなければ！もし倒れるにしても前のめりに！」と、ひとり気合を入れていた。

そんなことを昼下がり、コーヒーを飲みながら思い返していた。

何でも1番にこだわる紅緒は、コーヒー豆にこだわるこの店を気に入っている。

それなのに……とついため息が漏れてしまった。

するとと目の前でコーヒーを淹れていたマスターが「どうかなさいましたか？」と声をかけてきた。

「愚痴を言うのは嫌いなんですけどね」と前置きして最近のイライラの原因について聞いてもらうことにした。それくらい紅緒の心は余裕がなかったのかもしれない。

「最近の若手はドライなんですよね。与えられた仕事はちゃんとしてくれるんだけど向上心がないというか。仕事が残っていてもさっさと帰っちゃう子もいて、結局私がその尻拭いをすることになるんですよ。私が新人だった頃は早く一人前になりたくて最後まで残って仕事していたんですけどね。それに……キリがないですね。すいません。そんな感じなんですよ。現代っ子ってことなんですよね。」


こんなネガティブなことを言っている自分のことがどんどん嫌になってきて強引に話を打ち切ってしまった。それに、目を合わせるでもなく、ニコニコするわけでもなく、淡々とコーヒーを淹れながら話を聞いてくれるマスターを前にすると、とめどなく愚痴をこぼしてしまいそうで怖くなったこともある。

「何でも、平安時代の物語にも『最近の若い者は……』という文言が出てくるらしいんですよ。いつの時代も変わらないのかもしれません。私だって昔はよくそう思っていました。それだけ紅緒さんが大人になったということにしましょうか。」

大したことは言ってないのにマスターの言葉を聞いて紅緒の心は少し軽くなった。

今までずっと競争の中で生きてきて、自分以外はみんな敵だと思っている紅緒にはとても不思議な感覚だった。人の話を聞く時はその裏に隠された意図を読み取ろうとし、相手の言葉に惑わされぬよう一歩引くのが常だったのだが、マスターの言葉はダイレクトに胸に響いてくる。

それは、一緒にプロジェクトを進めている協力会社からの帰り道で、気持ちがオフになっているからだろうか。もちろん、このあとは社に戻って残った仕事を片付けるつもりだ。

「イライラは心に毒ですから。少しですけど良かったらどうぞ。試作品なのでまずかったら遠慮なくおっしゃってください。」

小麦粉ではなく米粉で作ったというホットケーキをカットしたものを出してくれた。あっさりとして軽い口当たりでとても食べやすい。ほんのりとした甘さがまたちょうどいい。

「これ、すごくおいしいですね。梅雨時で雨や曇りばっかりだし、暑くもなってきて重たいものは受け付けなくなっていて。早くメニューに載せてくださいよ。」

Training 34

朝起きた時に体と心をチェックする

「人はほんとうのところ、朝が一番元気なんです。睡眠で心身の疲れが解消されているはずですから。けれど、現代人はいろいろと忙しいですし、考えなきゃいけないことも多いですから朝がしんどい方も多いみたいですね。だから、朝起きた時に体と心の状態をチェックするといいですよ。それに合わせて一日の過ごし方を考えるといいんです。」

朝起きた時に体が軽いなんて経験したことないかも、と思った。朝は目覚ましのアラームを数分置きにセットして、気合と共にベッドから這い出すことがほとんどだ。

「もしかしたら紅緒さん、ちょっと頑張りすぎてるのかもしれないですね。」

常に戦場で寝起きしているような感覚で今まで生きてきた。

頑張ることが当たり前で、頑張らないことは死を意味していた。

そのおかげで今のポジションを得ることができた。

もちろん、恋人はいない。

今まで何人かの人と付き合ってきたが、何かと張り合い、相手に勝とうとし、実際に勝ってしまうので相手のことがつまらなくなって（もしくは相手の心が折れて）別れるというのがパターンだった。

女だからって舐められたくなくて、そういう発言をする人は徹底的にやっつけた。

だからどこに行っても「姐《ねえ》さん」とか「女帝」とか呼ばれる。

さすがに商社はジェンダー問題に敏感だから表立ってそんな風に呼ぶ者はいない。しかし、「楠には敵わない」と公言している先輩もいれば、陰で「楠と結婚する男なんているのか？」とささやかれていることも紅緒は知っている。

Training 35

メイクを落とす時は「仮面を外す」、服を脱ぐ時は「鎧を脱ぐ」、シャワーを浴びる時は「汚れを流す」という意識を持ってみる

「簡単なおまじないです。思い出した時にやってみてください。」

紅緒は面白い提案だな、と思った。

確かに自分は鉄仮面をかぶり、分厚い戦闘服を身にまとい、一日中戦場を駆けずり回っている戦士のようだ。

しかし家は安全な場所だ。家でも鎧を着て生活する必要はない。

忘れないように手帳にメモをした。スマホは便利だが機動力や俊敏性には欠けると思っている。とはいえ、検索力や保存性、見やすさは手帳の敵うところではないから、紅緒は移動中など空いている時間に手帳からスマホやパソコンにメモし直すことにしている。二度手間になるが、その分、記憶しやすいし、そこでまた新たなアイデアが生まれることもあるからだ。

社に戻るタクシーの中でマスターから言われた言葉をスマホに入力し直し、その日も深夜まで残業した。そして、日付が変わるかどうかの頃に家にたどり着いた時には、マスターのアドバイスは残念ながら紅緒の頭からすっかり零《こぼ》れ落ちていた。

6月26日

自己承認は苦手。

起きたら9時を過ぎていた。遅刻！と焦ったが今日は休みを取っていたことを思い出した。人事から「有休は年度末までに消化すること！」というお達しがずいぶん前から出ており、無視していたら部長から直々に「全部とまでは言わないけれど最低5日消化しないと会社が罰金を食らうことになる」と言われて渋々休みを取ったのだ。

といっても実際は在宅勤務に切り替えるだけだ。会社のネットにつながなくてもできる仕事をやろうと思っていた。

まだ昨日のワインが残っている。いつもの先輩たちと3時くらいまで飲み歩いていた。タクシーに乗ったまでの記憶はうっすら残っているがそれ以降は何も覚えていない。それでも、メイクは落としているし、ちゃんと服も着替えている。しかし、床に目をやれば昨日着ていた服がリビングから順々に脱ぎ捨てられており、クローゼットの前の下着で完結していた。

苦笑いしながら拾い集めて洗濯機に放り込み、最低限のメイクをして家を出た。苦みの強いコーヒーでも飲まなければとても仕事をする気分にはなれない。どこに行こうか考えて、あの店を思いついた。電車を乗り継げば20分だが、駅まで歩くのがめんどくさくてタクシーを止めた。軽い渋滞に引っかかったが10分くらいで到着する。

キャップをかぶり、Tシャツにジーンズで現れた紅緒を見てマスターは一瞬目を丸くした。

「珍しいですね。今日はお休みですか。」

いつもだったら明け方まで飲んでも9時にはきちんとした身なりで出社し、いきなりフルスロットルで仕事を始めている。休みだから気が緩んだとしても9時過ぎの起床は珍しい。まあ、マスターが言っているのは私の恰好《かっこう》のことだろうけど、と思いながら紅緒は店内に充満するコーヒーの香りに胸を膨らませた。

ストロングブレンドをオーダーして待つ間、今朝も体が重たかった、と思い出した。寝坊して少しすっきりはしている所もあったがなんせ二日酔いだ。昨夜は記憶が飛んでいたから鎧は脱いでいないし、結局、一度もマスターの提案ができていない。

「すいません。マスター。せっかく教えていただいたこと、まだ全然できてなくて。」

「いやいや大丈夫ですよ。単なるおせっかいみたいなものですから。気が向いた時にやってみてください。」

濃いめのコーヒーをすすると苦みが一気に口の中に広がる。ふぅ、と息をついて、ようやく生き返ったような気がした。

「マスター、この前『頑張りすぎかもしれません』っておっしゃってたじゃないですか。やっぱりそう見えます？」

「そうですね、お話を伺っているといつも忙しそうですし、うちに来られてもたいていパソコンを開いてお仕事されてますよね。とてもお元気そうにふるまわれているのですごい方だな、と思ってたのですが、同僚の方にイライラしておられたり、軽めのお食事を好まれていたり、ちょっと心の余裕がなくなっていらっしゃるのかな？と感じました。」

「確かに余裕がない時はイライラしてしまいますものね。かれこれ10年以上もずっと走り続けてる感はありますね。うちの業界の人はみんなワーカホリックばかりですから、全然自分ではそんな頑張ってるって思ってませんでした。」

「すごいことをなさっているんですよ。ほんとうに。紅緒さん、ほんとうにすごいんですから。」

「そうですか？全く、自分では分からないんですよね。周りがすごい人たちばかりですから。」

「確かにそうですよね。周りがすごければ自分もそうだなんてなかなか思えないですものね。」

「マスターだって私から見れば一流の職人で、すごいお仕事なさってるんですよ。」

「いえいえ、私なんてとんでもないです。ごくごくふつうのコーヒー屋です。」

「ほらね！やっぱりマスターも同じじゃない！私と同じこと言ってるじゃない！」

「あーー！これはやられましたっ！」

「自分のことって分からないものですね、お互い。」

「ほんとそうです。私はもう何も言えません。」

「でも、自分のすごさ、素晴らしさなんてどうやって認めたらいいんでしょう？確かに今の会社で仕事ができてるのって一般的に見ればすごいことだと思うんですよ。でも、さっきも言ったように周りもすごい人たちばかりですから自分では全然実感ができないんです。」

「今更私が何かお伝えしても説得力に欠けるのですが、自己承認って確かに難しいんですよ。自分を客観視する視点が必要になりますから。」

「そうですよね。私たちは主観的に自分を見ちゃいますものね。」

「先ほど紅緒さんがおっしゃったように、一般的に見ればすごいけど、周りがみんなすごいから自分がすごいと感じられない、ってまさに核心を突いた言葉だと思うんです。私たちは無意識にある〝基準〟を持っていて、それによって自分を判断しているんですよね。」

「それ、分かります。自分では頑張ったと思っても、上司から見れば頑張ってないように見えたりしますものね。自分と上司で基準が違うということですよね？」

「ええ、その通りです。どっちが正しいというわけではないのですけどね。」

「そうなんです！だから争いが生まれるんですよね。どっちの基準が正しいか、という。でも、結局は立場が上の人の基準が採用されて、それで評価されて、給料が決まるんですよね。だから、そこは理不尽に感じることもありますね。」

「それは確かにしんどいです。私もかつてサラリーマンをしていたことがあるんです。でも、他人の基準で自分を評価されるのが嫌で、自分で商売を始めることにしたんです。」

「そうだったんですか！でも、お店をやったからって他人の評価からは逃げられないですよね？今度はお客様から評価されるわけですから。」

「ええ、その通りです。その方が厳しいという方もいらっしゃるのですが、私はその方が楽でした。自分としては精いっぱいやって、それをお客様がどう評価するかはお客様の問題だと。私のコーヒーが口に合う方もいれば、そうでない方もいらっしゃるのが自然ですから。」

「いわゆる自分軸というやつですか？やっぱりマスターはすごいなー。大人ですね。でも、とはいってもやっぱり私は厳しい基準を持ってるんだろうなあ。だから自分のことを認められなくて頑張りすぎちゃうのかもしれません。今の若い子見てると時々思いますもの。自分は何のためにこんなに頑張ってるんだ？と。でも、頑張ることが好きだし、頑張ってるのが自分だと思うからやめられないんですよね。」

「頑張り屋さんは自分がそうしたくて頑張るのが仕事ですからそれは問題ないと思うんです。でも、厳しすぎる基準を設定して自己承認ができなくなるのは、辛いといいますか、疲れてしまうと思うんですよね。」

「そう、まさにそれ。そういうのをなんとかする宿題ってありません？　でも『毎日自分を10個褒める』ってのはなしですよ。たぶん、それなら簡単にできちゃいそうですもの。」

「あら、聞いてらっしゃったんですか？　それに似たようなことをお出ししようと思ってたのですが。」

Training 36
今まで頑張ってきたことをリストアップして、それを他人だと思って褒めてあげる

「自分のことを自分で評価しようとするとどうしても厳しくなってしまうんです。でも、同じことを他人がやっていたら『すごいな』って素直に認められることも多いのです。」
「それはよく分かります。私、めちゃくちゃそういうタイプです。基本的に私、人を褒める人なんです。最近はイライラしちゃってますが、ふだんは部下のことめっちゃ褒めてます。」
「それは素晴らしいですね。**だから、そんな風に部下やほかの人を褒めるように自分を褒められたらいいわけです。**」
「うーん、ちょっと待ってくださいね。部下を褒めるように自分を褒める。おっしゃってる

ことは理解できますが、いざやろうとすると意外と難しいですね。部下のことなら褒められるけど、自分のこととなるとなかなか褒められません。」

「なるほど。だから、自分のことだと思わない方がいいんです。部下じゃなくても構いませんしね。**誰かが作った頑張ってきたことリストを紅緒さんが渡されて眺めるイメージです。**」

「ああ、なるほど。じゃあ、そのリストを作ったらしばらく放置した方がいいかもしれませんね。」

「ええ、おっしゃる通りです。」

Training 37

人のために良かれと思ってやったことを探して自分をねぎらってあげる

「さっきのと似た感じがしますね。」

「ええ、けっこう似てると思います。少し視点を変えてみるだけです。」

「良かれと思ってやったけど報われないってこと、いっぱいありますよね。」

「それが裏目に出て、迷惑と受け取られたりすることもありますよね。」

「あ、ありますね。」

と同意した時、ある光景が紅緒の頭に浮かんだ。

5年くらい前だっただろうか。3年下の後輩が異動で紅緒のチームにやってきた。とても優秀だという前評判通りの男性で、確かに見込みがあると思った紅緒は彼を徹底的に鍛えようとした。少し負荷の高い仕事を任せ、交渉事も彼を前面に出して、自分はフォローに回るようにした。何度も彼を叱り、もっと仕事の質を高めるように求めた。それが彼のためになると思ったし、会社のためだとも思っていた。しかし、数か月で彼は音を上げてしまった。

「僕は楠さんみたいにはできないです。」

はっきりと自分を拒絶する目でそう言われた時、紅緒は強い衝撃を受けた。そして、失敗感、罪悪感、敗北感、喪失感、悔しさを感じたのちに、すごくむなしい気持ちに襲われた。そのことは今も忘れられず、自分を責め続けている。未来ある部下をつぶしてしまったように思えるのだ。

「嫌なことを思い出してしまいました。良かれと思ったんですよね。でも、結果は散々で、大失敗でした。」

「でも、それって紅緒さんに悪気はなかったのでしょう?」

「そりゃもちろんそうですよ。」

「じゃあ、問題ないんじゃないでしょうか。」

「え？いや、そんなことはないと思います。その人の人生を狂わせてしまったようなものですから。」

「確かにそういう解釈もできるかもしれませんが、そこで敢えて自分軸で考えてみるんです。自分は自分、相手は相手。そして、どちらかが悪いって決めつけないことも大事です。」

「そうなんですか？でも私は上司の立場だし、やっぱり責任感じちゃうなあ。」

「それは紅緒さんがいい人だからですよ。**あくまで善意でされたのであれば、結果はどうであれ、責められるべきものではないと思います。やり方は間違っていたのかもしれませんが、良かれと思った自分の気持ちは大切にした方がいいと思います。」**

「なるほど。やり方は間違えたけど、思いは間違ってなかった。確かにそうとも言えますね。結果にとらわれてしまうと難しいですね。」

「ええ、結果ではなく、プロセスもとても大切ですし、そこに流れる思いが何よりも大切だと思います。だから、この課題をやる時は結果にはこだわらないようにしてください。そのためのレッスンでもあるので。あくまで、良かれと思ってやったことを書き出して、その思いを褒めてあげるのです。」

「良かれと思ってやったことで、結果が好ましくなかったことだとしても、そうした自分をねぎらうってことですね。これはやった方がいいかもしれません。私、何かと結果にとらわれやすいもので。」

嫌なことを思い出しちゃったなあ、と少し凹んだ気分でコーヒーをすすった。なんか体が余計重たくなったようだ。濃いコーヒーを飲み、マスターと話したおかげで頭はしゃきっとしたけれど……。

「じゃあ、そろそろ失礼します。せっかくの休みなのでマッサージにでも寄って帰ります。」

「こういう時は指圧じゃなくて、オイルマッサージかタイ古式マッサージがお勧めですよ。」

「え?違いがあるんですか?」

この店の並びにある60分3980円の指圧マッサージに行こうと思ってた紅緒はびっくりした。

「今の紅緒さんにはもみほぐす、というよりも、緩める、流す方が効果的だと思ったんです。」

そう言うとマスターは1枚の紙を手渡してきた。

「荷物を下ろすイメージワーク」とある。

店を出ると立ち止まってオイルマッサージ店を検索してみると家の最寄り駅の近くに評価の高い店を見つけた。すぐに電話をすると1時間後ならば予約が取れるという。季節が良ければ歩いていくとちょうど良い距離だが、じめじめした梅雨空の下ではとてもそんな気になれない。

アプリで呼んだタクシーがすぐに来たので最寄り駅に行ってほしいと指示した。駅ビルにある小さな時間貸しのワークスペースでマスターの宿題をしながら予約の時間を待つことにしようと思う。

Training 38

荷物を下ろすイメージワーク

子どもの頃からいろんなものを背負い、抱え込み、ひとりで頑張って生きてきました。

気がつけば、背中にたくさんの荷物を背負い、両腕にも抱えきれないほどの荷物を持って、坂道を登り続けています。

荷物が重たくてへこたれそうになることもありましたが、「それくらいできなきゃダメだ！」と自分を叱咤激励してずっと登ってきました。

時々こんな声が聞こえます。

「大丈夫？手伝おうか？」

もちろんあなたはこう答えます。

「大丈夫だよ。全然余裕だよ。」

こんな声も聞こえてきます。

「なんかとってもしんどそうだよ。休んだら？」

もちろんあなたはこう答えます。

「全然平気だよ。心配してくれてありがとう！」

見るに見かねてあなたの持つ荷物に手を伸ばし、「手伝うよ！」と言ってくる人もいます。

もちろんあなたはその手を振り払い、「大丈夫！平気だから！これぐらい余裕なんだ！」

と言い返します。


でも、ほんとうはもう限界なのかもしれません。

何のためにこんな荷物を持っているのか？

どこを目指して登っているのか？

全然分からなくなってしまいました。


あなたの周りにはあなたのことを思ってくれる何人もの「味方」が心配そうに付いてきています。

思い切ってこう言ってみてください。

「ほんとうは大丈夫じゃありません。もう限界なんです。誰か私の荷物を持ってくれませんか？」

そうするとあなたの周りにいた人たちは次々とあなたの荷物を引き受けてくれます。

そのたびにちょっとずつ荷物が軽くなっていくのを想像してみてください。

そして、その人たちがどんな表情をしてその荷物を引き受けてくれるかを想像してみてください。


やがて荷物はすべてなくなりました。

その時の体の軽さはどんなものでしょう？

その感覚を感じながら今いる場所に意識を戻していきましょう。


紅緒は狭いワークスペースの中で葛藤していた。

自分がそんなにたくさんの荷物を背負っているつもりはなかった。でも、イメージの中の自分は明らかに押しつぶされそうだった。

周りの人の助けを拒否してきたというよりも、助けさせなかったのだと思う。そんなことをしたら負けだと思っていたし、自分でなんとかできると思っていたし、実際、なんとかしてきた。

自分でも傲慢《ごうまん》だと思うが「自分を助けられる人などいない」と思っていた。

だから、限界を認め、助けを求めるセリフはイメージの中でも言えなかった。

助けを求めるなんて惨めすぎるし、恥ずかしい。まだまだ自分は大丈夫だと思いたい。

紅緒はそう抵抗しながらも薄々気づいていた。ほんとうはそうした方がいいんだろうな、と。

けど、できない。してはいけない。

アラームが鳴った。ワークスペースの終了時間が来た。

時計を見るとオイルマッサージの予約時間まであまりない。紅緒は慌ててお店に向かった。

とりあえずは体を緩めてもらおう、このイメージワークのことはしばらく放っておこう。

6月28日
できないことを認める。

紅緒は最近の自分のふがいなさにイライラしていた。

エンジンのかかりが悪いというか、前のように頑張る気力が少し削がれてきているように思える。淡々とやるべき仕事を片付けていくが身が入っていないのがはっきり分かる。

最近、「なんでそんなに頑張るの?」という声が自分の内側から聞こえるようになった。だから、なんとか気合を入れようとするたびに自分で自分にブレーキをかけてしまっている。

そんな自分がもどかしくてイライラしているのだ。

午前中のミーティングではあまり発言をせずにぼーっとしていた。いつものキレのあるツッコミや強気の報告が聞かれなかったので、部長が「体調でも悪いのか?なんかおかしいぞ?」とささやいてきた。

紅緒はむしろ体調不良であってほしいとすら思った。

部長には適当な返事をして会社を出た。午後からは協力会社で打ち合わせなのだ。でも、今の紅緒には彼らのお尻を叩く自信はない。

エレベーターを待っているとチャラい先輩が「よぉ」と向こうからやってきた。紅緒の表情を見て「あれ?なんか元気ないんじゃねえの?大丈夫か?」とささやいてきた。ちょ、近っと思いながら「え?なんでですか?」と不快感と共に聞き返すと「なんか楠っていつもキリッとしてるじゃん?でも、今日はなんか疲れたサラリーマンみたいな雰囲気出してるぜ?」とものすごく痛いところを突いてくる。「なんでもないです!」と言ってエレベーターに乗り込むと背後から「じゃ、いいけどよ。また飲み行こうぜ!」という声が聞こえてきた。

チャラくふるまっているが実はめちゃくちゃ仕事ができる嫌味な先輩だ。昔、同じプロジェクトで出会い、何度かそのチームで飲みに行った。先輩はまだ若いのにかなり上流の仕事を任されていて、頭の回転も驚くほど速く、知識も豊富だ。実は今まで出会った人の中で紅緒が唯一「この人には敵わないかも」と思っている人物である。

「先輩にならら助けを求めてもいいかもしれない。」

エレベーターが1階に着く寸前にそんなことを思ってしまい、戸惑った。自分はいったいどうなってしまったのだろうか?

タクシーに揺られながら「休暇を必要としているのかも」と思った。ひとりになってじっくりと考えたい。自分自身について、これからの生き方について。

しかし、今のプロジェクトが走っている間は休暇など望むべくもないし、リーダーである自分が抜けるわけにもいかないから、なんとか頑張るしかない。今までもこういうことはあったはずだが、なんとかうまく切り抜けてきた。

マスターから出された宿題はほとんど手つかずだが、常に頭の中でぐるぐるとその言葉がめぐっている。

今朝もベッドから出るには気合が必要だったし、鎧は脱げていないし、大量の荷物を背負ったままだ。もちろん、助けてなんて言えない。今まで頑張ってきたことをリストアップしようと思ったが、その数の多さに辟易《へきえき》してしまった。全部頑張ってきた。すべて頑張ってきた。それでいいじゃん。

体調不良も生理痛も薬と気合で乗り越えてきた。敵前で自らの弱点を晒すことはしてこなかった。

「それが頑張りすぎなのか？」

そう思った時、タクシーが赤信号で止まった。あの喫茶店のある商店街の入り口だ。

「あ、ここで降ります。」

協力会社との約束の時間まではまだ1時間以上ある。コーヒーを飲むには頃合いだ。

カウンターでは若い女性がマスターとおしゃべりしている。邪魔してはいけないと離れた席に座り、コーヒーとホットケーキをオーダーする。「この間の米粉のものもありますが」と言われたので迷わずそれにした。そういえば、朝から何も食べてなかった。やはり体調不良なのだろうか？

パソコンを開いてデータを眺めることにしたが、その女性とマスターの会話が嫌でも耳に入る。女性の声にどこか聞き覚えがあり、こっそり目をやると、この間まで協力会社にいた人だった。先方の担当者が「けっこう仕事ができた子なのに突然会社を辞めてしまい、みんな困っているんです」と聞いた覚えがある。

どうやらワーキングホリデーでオーストラリアに行くことにしたらしく、その報告をマスターにしていた。あ、思い出した。確かにここで彼女に会ったことがある。

彼女は若くて、前を向いて、希望に満ち溢《あふ》れているように紅緒の目には映った。珍しく嫉妬を覚えた。

「今、紅緒さんは立ち止まって足元を見つめなおしているんだと思うんです。」

ホットケーキを平らげ、コーヒーとの抜群の相性に感心していると唐突にマスターが話しかけてきた。

「よく過去の自分と今の自分が葛藤する時期があるんです。過渡期ということなんですけどね。昔の自分はとにかく前に進むことだけを考え、目の前の障害物を次々と倒していこうとします。それで成功してきたものですから、それが正しく、自分に合ったやり方だと思い込んでいます。しかし、その一方で、今の自分はその生き方に疑問を持ち始めます。それは無理をしてきただけなのではないか、頑張りすぎているのではないか、と。だから、立ち止まって自分を見つめなおしたい気持ちになるのです。」

そう言われただけでここ最近のイライラが解消される気がした。確実に自分は変わり始め、だから、以前の自分との違いにイライラし、焦り、不安になっているのか。

でも、新しい自分がどんな自分なのかはまだ見当もつかない。

そう思うとこれから見知らぬ世界に迷い込んでしまいそうで怖くなってきた。

Training 39

週に1度は早帰りキャンペーンを推進する

「自分を見つめなおす時間を作るのはとても大切なことです。ほんとうは『人生の夏休み』と称してまとまった休みを取ることをお勧めしたいのですが、それは現実が許してくれないですよね。だから、せめて週に1度は早帰りキャンペーンを打ってください。そして、土日など休日を使って自分と向き合う時間を作りましょう。私で良ければお手伝いいたしますから、良かったらうちにいらしてください。」

マスターがお客さんの相談によく乗っていることは知っていたが、「うちに来い」とはっきり言うのは珍しい。

「もしかして、私ってそんな重症なんですか?」

不安になって聞いた。もちろん、「いえいえ、そうではありません」という回答を期待して。

「そうですね。はい。早く手を打たれた方が良いかと思います。」

その答えに紅緒は一気に冷や汗が噴き出る思いがした。

「マスターがそんなことをおっしゃるのは珍しいですよね？」

「ええ、珍しいと思います。もちろん、なくはないですよ。ひとりでは難しいな、と思われる方にはできるだけこの店の売り上げに貢献していただこうと思っています。」

冗談を言いながら笑顔でそう答えるマスターを見て紅緒は「怖い」と思った。

「紅緒さんのような忙しい方はどうしても目の前のやるべきことにとらわれてしまいますね。やるべきことが大量にあるのですから仕方がないと言えばそうなのですが、そうした生き方ですと大切な『心』を置き忘れてしまうのです。忙しいという字は『心を亡くす』と書きますね。まさに、そんな状態になってしまうのです。」

そして、マスターはその言葉に呆然としている紅緒に次のように続けた。

「紅緒さんはずっと戦ってこられたでしょう？

子どもの頃から負けることが嫌いで、常に勝ち続けようとし、1番になることを目指されました。

そういう方は少なくないのですが、どこかで必ず挫折を覚えるものです。

しかし、紅緒さんのように能力がある方はずっと勝ち続けることができてしまい、限界をとうに超えていてもまだまだ戦い続けようとするのです。

いつ頃から『勝つ』ことに喜びを感じなくなったか覚えておられますか？

1番になってもうれしくなくなったのはいつ頃からでしょうか？

おそらく、その頃から紅緒さんの葛藤や苦しみが始まったはずです。

誰のために戦い、何のために競争しているのかが分からなくなった時、私たちはみんな燃え尽き始めるのです。

かつての紅緒さんには1番になって手に入れたかったものがあったはずなんです。

1番になればこれが手に入ると思っていたものがあるはずなのです。

しかし、何度1番になろうともそれが手に入らなかったとしたらどうでしょう？

1番になることがむなしくなり、楽しくなくなり、ただの義務になっていくでしょう。

1番になりたい理由が『負けたくないから』ではあまりにも寂しすぎると思いませんか？

大義のない戦いってすごくむなしいのです。

しかし、それでも戦い続けなければいけないとしたらココがやられてしまいます。」

マスターは最後、自分の胸を指してそう言った。

平静を装ってマスターの話に耳を傾けていたが、その言葉のひとつひとつが紅緒の心に刺さっていた。

ただただ痛かった。

「大義のない戦い」をずっとしてきたと思う。

やらなければならない、とだけ思ってずっと目の前のＴｏＤｏリストを追いかけてきた。

自分はいったい、１番になって何を手に入れたかったのだろう？

紅緒は頭を抱えるしかなかった。

Training 40
自分にできることとできないことを区別する

「まずはできることとできないことの区別をつけるようにしてみましょう。紅緒さんのような方は、できないことを認めることが悔しくて、なんでもやろうとするんです。そうして大量の荷物を抱え込んでしまうんですね。ただ、能力がとても高いものですから、できないものでもなんとかできてしまうのが紅緒さんのすごいところなのですが。だから、このできる／できないは能力的なこともそうですが、時間的にできるかとか、今の精神状態でできるかで判断する必要があるんです。」

「なんかそれ、前にここで聞いたことがありますよ。仕分けするやつですよね?自分がすべきことと、しなくてもいいことを分けるんですよね?」

「あ、ご存じでしたか?聞いてらっしゃいました?でも、少し違うのですよ。紅緒さんに今、ご提案したのはもう少しメンタル寄りのものなんです。」

「確かに、できる/できない、と、自分がすべきか/しなくてもいいか、では視点が違いますね。しかし、反論するようで申し訳ないのですが、できる/できないの区別って難しくありません?」

「ええ、紅緒さんにとっては特に『できない』と認めることが課題かと思います。だから、とても難しく感じられると思います。」

できないなんて言えなかった。

昔々の記憶がよみがえってきた。

家族で田舎の祖母の家に遊びに行った時だ。外で走り回って遊んでいたら兄が草むらで立ちションを始めた。それを見て自分もそうしようと思ったら、おしっこが前に飛ばずに真下に流れてパンツも半ズボンも靴もびしょびしょになってしまった。兄にはバカにされるし、家に帰ったら母に怒られるし、散々だった。

でも、祖母は優しく「あんたは女の子だからね。座ってせんとあかんよ」と諭してくれた。

今から思えば笑い話だが、紅緒はそれくらい兄に負けたくなかったのだ。女に立っておしっこはできない。

とりあえず、できないことのひとつはこれか。

気の遠くなりそうな、そして、自分が試される課題を出されたと思う。

Training 41

心の日記をつける

「それで心の日記をつけてみていただきたいんです。紅緒さんのような方はとても自立されています。自立心が強いということはそれだけ感情を抑えがちになるということでもあります。感情を抑えるとだんだん麻痺していき、自分が何を感じているのかが分からなくなります。しかし、感情はなくなることはないんですね。解放されない感情はどんどん心の中に溜め込まれます。そして、それが何かのきっかけで爆発するとパニックになってしまいますし、爆発せずとも溜め込みすぎるとやがて抑うつ症状が出てくるようになってしまいます。だから、できるだけふだんから自分の心に意識を向けておくことが大切なのです。

この心の日記は起きたことを書くのではなく、その日感じたことをただ書いていくものです。楽しかったこと、うれしかったこと、笑ったこと、泣いたこと、怒ったこと、辛かったことなどをメモしていくような日記です。これは自分の心に目を向けるレッスンとしてよくやっていただいているものです。」

紅緒は日記というものを続けられたためしがなかった。それは起こったことをあまりに詳細に、正確に書こうとするので、1日分を書くのに数時間かかることもあったからだ。だからあまり自信がないのだが、今回はどうだろう?

7月5日　父の愛とは?

協力会社へは週に2、3回訪問するので、必然的に喫茶店に顔を出すのもそれくらいの頻度となる。とはいえ、家からも遠くないのだから行こうと思えばいつでも行けるのだが、最近はちょっとマスターに会うのが気が重くなっていた。

マスターと話をすると心が軽くなるけれど、いつも痛いところを突かれてしんどくなってしまう。マスターの言うことはごもっともで深く納得するのだが、日常生活に支障が出てきてしまっている。

体はいつも重く、頭の中ではいろいろなことを考えてしまっている。仕事に対するモチベーションは以前よりも下がり、マスターから言われた言葉を頭の中で反芻《はんすう》する時間ばかりが増えた。

「目の前のやるべきことにとらわれ、一生懸命頑張ってきた。周りの人に勝って1番になることを常に目指してきた。1番になって手に入れたかったものは何なのだろう？そんなものがあったのだろうか？1番になることだけを目指してきたのではないだろうか？そんな競争に果たして意味があったのだろうか？」


兄は何をやらせても簡単に自分のものにしてしまう天才型の人間だった。勉強やスポーツだけでなく、母の手伝いをして料理だって上手にできてしまっていた。物心ついた頃からそんな兄に負けているのが悔しくて、どうすれば兄に勝てるかばかりを考えてきた。そのための努力は惜しまない紅緒だったから勉強は早くから頭角を現したのだが、スポーツは全然ダメだった。

だから勉強に懸けた。兄がゲームをしたり、友達と遊んだりしている間もひたすら勉強をし、塾の成績は常に学年トップだった。兄が両親の勧めを断って地元の公立中学に進んだ時はひそかにチャンスだと思った。これで、自分が優秀な私立中学に合格すれば兄に勝つ、と思ったのだ。

そして、紅緒は難関中学にあっさり合格する。

その頃から紅緒の競争相手は兄から同級生へと変わった。学年で1番を目指すようになり、高校に進学する頃には県内はおろか、全国の同級生がライバルとなっていた。そうして、常にトップの成績で走り続けてきた紅緒は大学も就職も自分の希望通りになった。

勝つこと、1番になることだけを考えて走ってきたからその先の目標なんて考えたこともなかったのだ。

「お父さんか……。」

父もまた努力の人だった。地方公務員の家庭に生まれた父もまた競争に打ち勝ってきた人で、大手の金融機関に就職すると猛烈な頑張りで役員にまで上り詰めた。それゆえ、子どもの頃は父の姿を家で見ることはほとんどなく、紅緒は母が「うちは母子家庭だから」と冗談めかして言うのを聞きながら育ったのだった。とはいえ、経済的には裕福だったから、母は専業主婦として子育てと家事をしながら庭で花や野菜を育てたり、洋裁をしたりして楽しそうに暮らしていた。

その父は紅緒のことを全然褒めなかった。難関中学に合格した時も「そうか」と一言言ったきり、テレビを見ながら晩酌をしていた。

それよりも兄のことが気になるようで、高校はどこを受験するのか、大学はどこを目指すのか、そんなことを母に聞いていた。

男尊女卑。その言葉を知ったのは中学の頃だっただろうか。そんな言葉が世の中にあることにショックを受け、そして、真っ先に父の態度を思い浮かべたことを今も鮮烈に記憶している。

だから、思春期真っ盛りだった紅緒は父を嫌いになり、何かと反発するようになった。父よりもいい大学、いい会社に入り、見返してやりたい。実力で自分を認めさせたい。紅緒が1番にこだわる理由はそれだったかもしれない。

高校生の頃、母にそのことで文句を言ったことがある。

「なぜ、お父さんは私を認めようとしないの？なぜ褒めないの？お兄ちゃんより私の方がずっと優秀なのに、いつもお兄ちゃんのことばかり気にしてずるい。」

のんびり屋の母は、娘のそんな発言を聞いてびっくりしたらしい。

「お父さんはね、頭がいいのにあまり勉強しないお兄ちゃんを心配しているの。頑張ればいいところにいけるのにもったいない、って。でも、あなたは黙っていても頑張るでしょう？だから、お父さんは心配してないんだと思うよ。」

そんな慰めの言葉は言い訳にしか聞こえなかった。しかも、そのあとに母が言った言葉はもっと許せないものだった。

「あなたは女の子なんだから、もっと女の子らしくしなさい。」

「女の子らしくって何なのよ！」と思わず怒鳴ってしまった。猛烈な怒りを覚えたのと同時に、自分が女であることを嫌悪した。

「もし自分が男だったらみんな諸手《もろて》を挙げて褒めたたえるのではないか？」

そんな思いを抱くようになり、その頃から紅緒にとってのライバルは男全員になった。男に舐められてはいけない！

同時に両親に対しても反抗的な態度を取るようになった。

今もあまり実家に寄り付かないし、母からの連絡にもそっけない返事しかしない。

そんな娘の態度に母がおろおろしているのが目に浮かぶが、紅緒もどうしていいのか分からなくなっていた。

「お店の売り上げに貢献しにきました。言われた通り早帰りしてきたんで。」

夕刻の商店街は会社帰りや買い物帰りの人たちでにぎわっている。その人混みをかき分けながら店にたどり着いた。

「何か言葉にとげがあるような気がしますが。」

苦笑しながらマスターは紅緒を迎え入れた。

入れ替わりにいかにも仕事ができそうな女性が店を出ていった。時々見かけるきれいな人だが、初めて見た時よりもずいぶん柔らかい雰囲気を醸し出している。指輪をしているから結婚しているのだろう。子どももいるのかもしれない。あの人も結婚や出産を機に第一線を退いて、家庭中心の生活をしているのだろうか。

「私は絶対あんな風にはならない。」

紅緒は勝手に猛烈なライバル心を燃やした。

「今出ていかれたきれいな方、バリキャリっぽく見えますけど、ずいぶんと柔らかい雰囲気になりましたよね？」

「ああ、そうですね。彼女も最初この店に来てくださった頃は『積載重量オーバーのトラックみたいですね』と指摘させてもらったんです。いろんなものを背負いすぎてつぶれそうになっておられました。」

「今の私と同じということですか？」

「いやいや、人はみんな違いますから。けれど、確かに紅緒さんと似ているところがあったかもしれません。負けず嫌いでめちゃくちゃ仕事を頑張っておられましたから。」

「でも、今はそうじゃないってことですよね？」

「そうですね。ご自身にとってどういう生き方が自分に合っているかを見つけられたみたいです。相変わらずバリバリ仕事をされていることは間違いないですが、以前よりもずっとご家庭を大事にされるようになったと思います。それですっかり雰囲気が変わられましたし、いつも楽しそうにされています。」

「ふーん、そうなんですね。それは羨ましい。私も自分らしい生き方が分かればもっと幸せを感じられるんでしょうね。」

「何かあったんでしょうか？言葉のあちこちにとげらしきものが……。」

「怒ってるんです！マスターに！」

「え？私が何か粗相をしましたでしょうか？だとしたら申し訳ありません。」

「謝らなくてもいいです。悪いのは私ですから。マスターとお話ししているうちに、自分がいったい何がしたいのかほんとうに分からなくなって、ここ最近、混乱しっぱなしなんです。なんで自分が1番になりたかったのか？何のためにこんなにも頑張ってきたのか？全然分からなくて悔しいんです。宿題も全然できてないし、マスターの言葉も全然咀嚼《そしゃく》できなくて、そんな自分が情けないし、すごく惨めなんです！」

そう言い切ると紅緒は千円札をカウンターに置いて立ち上がった。

「すいません。混乱して大声出しちゃって。今日は冷静ではいられないので帰ります。」

急いで店を出ていこうとすると、低く、凄みのある声が響いてきた。

「待ちなさい。ここで逃げてはダメです。」

びくっとして振り返るといつもの穏やかなマスターがカウンターの向こうに立っていた。

「まだコーヒーも淹れていませんし、ホットケーキも焼いていませんから、まずはお座りください。」

紅緒は素直に従うしかなかった。椅子に座ると膝が少し震えていることに気づいて驚いた。

マスターはいつものようにコーヒーを淹れ始めた。その様子を紅緒は呆然と見つめながら「逃げる？ え？ 私、逃げようとしたの？」と思っていた。

「私に怒りを覚えても構いません。けれど、ここで店を出ていってしまったら、せっかく出てきたその気持ちがまた抑え込まれてしまいます。冷静でいられなくても構いません。幸か不幸かここは暇な店ですからね。少々大声を出されても誰にも迷惑はかけません。」

口調や表情は穏やかだが、今までと違ってお腹に響いてくるような声だった。何かとんでもないことが起こるのではないか、と紅緒は身構えるほかなかった。

淹れたてのコーヒーを出しながらマスターがこんなことを聞いてきた。

「先ほどのように自分の感情をあらわにされることってあまりないでしょう？」

確かに職場では女帝と恐れられる紅緒は、仕事に関して怒りを出すことはあれど、自分の思いをあんな風にぶちまけたことはなかった。そして、そんな風になってしまった自分がすごく恥ずかしくなってしまった。

「すいません。感情的になってしまいました。確かに、あまりないかもしれません。」

「いえいえ、おそらくそうじゃないかな、と思ったんです。ご自身の気持ち、だいぶ内側に秘められてきましたよね？」

母には何度か感情的になったことがある。しかし毎回、お嬢様育ちの母はそんな娘の態度を受け止められずにおろおろした。だから、母には自分の気持ちは言わない方がいいと決めた。

父とはそもそもそんな話をする機会もなかったし、話をする気もないほど嫌いな存在だった。

もちろん、兄もそうだ。敵の前で弱みを見せるわけにはいかない。

今までも少ないながらも恋人と言える存在がいたが、彼らとの関係はすぐに紅緒が主導権を握る側になったから、むしろ彼らの感情を受け止める側になっていた。

「確かに。自分の気持ちを人に話すなんてことは今までほとんどなかったかもしれません。」

「そうでしたか。実は先ほどの紅緒さんの言葉を聞いて、こんなことを言うと変ですが、なぜかうれしかったんですよね。ああ、本音を話してくださっている、と。そして、変なことついでですが、何か娘に怒りをぶつけられているような気がしましてね。それもうれしかったんです。」

「え？マスターって娘さんいらっしゃったんですか？」

「ええ、ただ、娘が２歳の時に妻と別れて家を出まして、それからは一度も会っていません。娘の記憶には私は残っていないでしょう。」

「そうだったんですね。会いたいと思わないんですか？」

「昔は思いましたよ。でも、合わせる顔なんてないじゃないですか。ひどいことをした父ですし。ただ、一度だけ小学校の運動会を見に行ったことがあるんです。娘の年齢で、この地域に住んでいるならこの学校だろうと目星を付けましてね。あの時代はまだセキュリティが厳しくなかったですから、運動会当日は誰でも校内に入れたんですよね。でもね、2歳の頃の顔しか覚えていないものですから結局見つけられず、昼前にそそくさと帰ってきてしまいました。」

マスターにそんな過去があったことに驚きながらも抱える寂しさが伝わってきた。

「今、もし娘さんが現れたらどうします？あ、私がその娘なんです！なんて展開はありませんからご安心ください。」

「ははは。もしそうだったら私がここから逃げ出してると思います。」

「じゃあ、その時は私がマスターを止めますね。逃げるな！って」

「いやあ、紅緒さんにはやられっぱなしですね。」

「さっきのマスターの声はほんとうに怖かったです。マスターって何者なんですか？」

「見ての通り、ただのコーヒー屋ですよ。でも、実際娘に会うことがあったら謝りたいですね。」

「でも、娘さんは何も覚えてないでしょう？」

「ええ、そうだと思います。こんなのが父なのかとがっかりするかもしれませんし。でも、それは私の気持ちなんです。娘にはずっと申し訳ないことをしたと思い続けています。妻に対してもほんとうに未熟な男だったと頭を下げたい気持ちです。」

「何十年も会ってなくてもそういう思いがあるんですね。」

紅緒は自分の父はどうだろうかと想像した。仕事人間でほとんど遊んでもらったことはないが、ずっと家にいる。マスターとは違うだろう、と思った。

「やはり父親にとって娘はかわいい存在なんです。でも、私はどう娘に接していいかが結局分からず仕舞いで、触れることすらあまりできませんでした。何か傷つけてしまいそうで、汚してしまいそうで、怖かったんです。私の周りにもそういう男性はたくさんいますね。子どものことを愛しているのに、どうやってそれを示していいか分からず、とにかく仕事ばかりをしている人たちが。人の愛し方っていろいろあるんですが、そういう父親は『お金を稼いで家族に何不自由ない生活を送らせる』という愛し方をする者が多いのです。私はそれすらできなかった情けない男なんですけどね。」

紅緒はハッとしてマスターに聞いた。

「うちの父もそうだと思います? それこそ仕事ばかりして全然かわいがってくれなかったんです。」

「はっきりとは申し上げられませんが、もしかしたら紅緒さんのお父さんもそうだったのかもしれません。私らの世代にはとにかくそういう男性が多いのは事実です。今とは全然違いますね。恥ずかしがりといいますか、表立って愛情を表現することがうまくできないんです。子どもってほんとうにかわいいんですよ。無邪気ですし、こんな父親でも無条件に愛してくれることが分かるんです。でも、どうその愛情に応えたらいいのかが分かりません。だから、黙々と稼いで生活に困らないようにしたり、遠くから見守るだけだったり。不器用と言ってしまえばそれまでですけれど、子どもからすればすごく寂しいですよね。」

「ええ、寂しかったです。私のことなんて全然愛してくれてないと思ってました。」

寂しい、という言葉が自然と口に出て紅緒は驚いた。

そうか、私、ずっと寂しかったんだ。

そして、マスターともっと話をしたい気分になっていた。

「今日はとことんマスターと話したいんです。そういう気分にさせたのはマスターですから、嫌とは言わないですよね？」

経験上、交渉力には自信がある。

7月5日

延長戦。女子力アップ作戦。

マスターは看板の電気を落とし、扉にかけている札をcloseに裏返すと、再びカウンター内のポジションに戻ってきた。その姿を見て少々罪悪感に駆られた紅緒だったが、穏やかなマスターの変わらぬ表情を見て安心して話を切り出した。

「できないって認めることがまず難しいです。すごく情けない気持ちになります。どうしたらいいんですか？それに、心の日記も全然付けられません。やってみたんですけど反省文になったり、会社や周りの人への文句ばかりになってしまいます。」

「紅緒さんがずっと頑張ってきたのはそんな情けない気持ちになりたくないからかもしれません。だからできないということは認められないわけです。でも、もしかしたら過去にそんな惨めな、情けない気持ちを味わったことがあるのかもしれませんね。」

そんなことない！と言いそうになって思い出した。

兄だ。

兄はとても優秀で、何でもできた。頭もすごく良くてあまり勉強しなくても成績は良かった。私はそんな優秀じゃなかったから必死に頑張った。兄に負けないために兄の何倍もの努力をした。兄ばかり優遇されているように感じていたからなおさら負けるわけにはいかなかった。

「そうしてなんでも頑張って1番になることを目指してきたわけですから、それと引き換えに〝弱さ〟を封印したんだろうと思います。前向きで元気でイキイキしている紅緒さんですけれど、本音ではずっとしんどい思いを抱えてきたんじゃないでしょうか。だから、自分の気持ちを日記に書き出そうとするとネガティブな思いばかりが出てきてしまうんです。感情を感じるということを長らく禁じられてきたのだろうと思います。」

兄に勝ち、父をぎゃふんと言わせるために、弱音を吐くことを自分に許さなかった。

そうしてずっと勝ち続け、1番になることにこだわり続けてきた自分がいる。その努力のおかげで今のポジションがある。でも、だからといって幸せか？と問われたら答えに窮してしまう。

「私はどうしたらいいんでしょう？」

「いろんなケースがあるんですけれど、紅緒さんも『子ども時代に子どもができなかった』のだと思うんです。お兄さんを競争相手にして頑張ってこられましたから。だから、少し子ども時代を取り戻していきましょう。つまり、自分をひとりの女の子に戻してあげるんです。」

マスターの言葉は今回も胸に突き刺さった。

女の子に戻してあげる。

そう、自分は女でありながら、どこかで女であることを恥じ、嫌い、捨ててきたことに紅緒は気づいた。

「今日はとてもシンプルな課題を出しましょう。これならきっとやっていただけると思います。」

マスターは1枚の紙にさらさらと何かを書いて渡してくれた。一読して、紅緒は唖然とした。

Training 42
ルームウェア／ナイトウェアで女子力をアップする

Training 43
服を選ぶ時は明るい色のものを選ぶ

Training 44
女性の体をちゃんと愛してあげる

まるで外国語のような言葉が並んでいるように紅緒には思えた。

ルームウェア、ナイトウェア？そんな言葉、知ってるけど使ったことはない。梅雨時の今はTシャツに短パンがレギュラーだ。

服は仕事柄、紺かグレー、もしくは白を選ぶことが多い。明るい色の服なんてほとんど持っていない。そういえばスカートも冠婚葬祭用のものがあるだけで、基本的にはパンツばかりだ。

わけが分からないのは3つ目だ。これが一番難しい。

「これって性的な意味なんですか？」

「それも含まれますけれど、自分の体をちゃんとケアしてあげてください、ということです。スキンケアもそうですし、温活もそうです。仕事ばかりに意識が向くと男性性が優位になるので自分の体をモノのように扱ってしまいやすいんですよね。それでは体がかわいそうだと思いませんか？」

言われてみれば自分の体に意識を向けることはこれまであまりなく、どちらかといえば雑に扱ってきた。幸い紅緒は体が強かったから滅多に風邪もひかないし、生理だって重くない。仮に少々体調が良くない時も気合を入れれば体は言うことを聞いてくれた。そもそも具合が悪い時のほとんどは二日酔いだ。

もちろん、一応女性として見られるから外に出る部分のケアは最低限している。でも、見えないところについてはほとんど放置状態だった。

「あなたは女の子なんだよ」と改めて言われているようで紅緒はなんだか恥ずかしい気持ちになった。それくらい自分が女であることを忘れようとしてきたことに気づいたからだ。

女で良かったことなんてほとんど思い浮かばない。むしろ、下に見られ、適当に扱われることの方が多いような気がしていた。だから、女だからって舐められないようにひたすら努力してきたのだ。

確かにこの3つならば忘れなければ簡単にできそうだ。が、花柄のワンピースをまとっている自分を想像して赤面してしまった。さすがにそれはまだ早いか。


マスターに礼を言って店をあとにしたのは閉店後2時間近く過ぎた頃だった。

紅緒は大きなことをいくつもマスターから教えられた。父を見返したくて、兄に勝ちたくて、女であることを捨てて必死に頑張ってきた自分の姿が明らかになった。

そんな自分が少しいとおしいと思った。偉いぞ！よく頑張ったぞ！と自分を褒めてあげたい気持ちになった。

そして、もしかしたら父は望む愛の形ではなくとも、彼なりにちゃんと自分を愛してくれていたのかもしれない、という気づきは紅緒を幸福な気分にした。今までの頑張りが少しだけ報われたような気がした。

雨が降り出していたが気分が良かったので家まで歩くことにした。

そして、信号待ちをしている時、ハッと気づいた。

「私はマスターを父代わりにして言いたいことを言ったんじゃないだろうか？」

父の前であんな風に駄々をこねたかったし、ワガママも言いたかった。そして、父にはそんな自分をマスターみたいに受け止めてほしかった。マスターに父を投影していたのだ。

頬を大粒の涙が伝っていることに紅緒はしばらく気づかなかった。幸い傘がそんな紅緒の顔をうまく隠してくれていた。

7月12日
紅緒、女子に戻る。

「自分をひとりの女の子に戻してあげる。」

この1週間、その言葉がずっと頭の中でぐるぐる回っていた。女子が好きそうなルームウェアを早速ネットで購入した。届いた上下セットのパステルカラーのそれを見て恥ずかしくなり、身に着けて鏡に映し出してみたらものすごい違和感があった。でも、肌触りはいいし、気分が上がったことも事実だ。何セットかまとめて買ったので日替わりで「女の子ごっこ」を楽しんでいる。

お風呂上がりに見えないところにクリームを塗ることも始めた。胸やお腹などに触れながら「君たちの存在をすっかり無視してごめん」と謝りたい気持ちになっていた。そして、やはりなんだか気分が良く、落ち着いた感覚にもなっていた。

先日の日曜日は花柄のワンピースはハードルが高すぎると思ったので、とりあえず明るい色のシャツやスカートを店員に勧められるまま大人買いした。試着してみたら一瞬、男がスカートを穿《は》いているような変な気分になったのだが、似合うと言われたから騙されてもいいや、と思ったのだ。

さすがにまだ職場に着ていく勇気はないからしばらくはクローゼットの肥やしになるな、と思いつつ。

その時ふと「こんな時、彼氏とかいたら堂々とデートに着ていけるのにな」と思ってしまった。


積み残していたマスターからの宿題にも手を付け始めた。頑張ってきたことなんて山ほどあるし、良かれと思ってやってきたこともたくさんある。

「思っていた以上に私ってすごいのかも。めちゃくちゃ偉いじゃん。」

今までほんとうに自分のことを放置していたんだ、と思い知ると同時に、こうして自分を認めることがうれしかった。

そう、自分で自分を認めてあげることが大事なんだ、誰かに認めてもらえなくても。

「心の日記」も書けるようになった。イライラもあったが、寂しい気持ちが出てきたり、誰かに甘えたくなってきた。それよりもうれしかったこと、楽しかったことが意外と日常に多いことにも気づいた。自分が変わったからか、それともこれまで気づいていなかったからかは分からないが。


今週、なぜか分からないけれど仕事が前よりも楽になっている。量も変わらないし、当然責任だって変わらないのに。

紅緒は肩肘張って生きてきたことを実感していた。

時間がなくてできないことは部下に任せることにした。今までなら残業してでも自分でなんとかしようとしていたのに。


「なんか自分が弱くなったような気がするんですけど、それが嫌じゃないんですよね。」

協力会社での打ち合わせを終えた紅緒は喫茶店に立ち寄り、カウンター席でコーヒーを飲みながらマスターに話しかけていた。

「自立を手放すと弱くなったような気がするんですが、決してそれは悪いことではないんですよ。力が抜けて、自然体で過ごせるようになってきたのかもしれませんね。」

マスターがまっすぐ自分を見ながら答えたので紅緒はなんだか恥ずかしくなってしまった。先週のできごとを思い出したのだ。

そのことをマスターに話そうかと迷っていると、エコバッグに食品を詰め込んだ女性が入ってきた。一見、幸せそうな雰囲気だが少々やつれた顔をしている。

マスターを必要としているお客様なのだろう。人気者なんだから、と思いながら紅緒は席を立った。お会計を済ませるとマスターがメモを渡してくれた。

「次の宿題です。」

いつになったら宿題が終わるんだろう、と思ってポケットにそのメモをそっとしまって店を出る。今日も雨だ。梅雨もいつになったら終わるのだろう？

Training 45

「任せる」トレーニング

「あ、これ、もうやってるわ。先取りしちゃったわ。」

タクシーの後部座席でメモを読み、紅緒はにやにやしていた。

そういえば最近、部下たちが今までよりも「使える」ことに気づいた。あまりガミガミ言わなくてもきちんと締め切りを守るようになったし、ミスもしなくなったし、紅緒に質問してくることも減った。「あいつらも成長してるなー」とうれしくなった。

社に戻ったら早速褒めて進ぜよう。

Training 46 断られても大丈夫なことを人に頼んでみる

部下を少し大げさに褒めて喜ばせたあと、紅緒は隣のブースの先輩に近づいた。

紅緒の姿を認めると先輩は少し緊張した面持ちになっている。

怖がられてるなあ、と苦笑いしながら「ちょっと相談があるんですけど」と話しかけた。

「え？なになに？」

俺が女帝さまの相談に応えられるのか？という不安をにじませながら先輩は言った。

「来週、現地に出張されるんですよね？その際、先方にこの企画の話を通しておいてもらえません？」

　メールで送っていた資料を開いて説明した。さほど難しい内容ではない。もし、断られたらネット会議で自分が説明すればいいだけのことだ。画面越しよりも実際に会って伝えた方が話が通りやすいと思ったのだ。

「ん？あ、ＯＫ。この間のやつな。これなら俺でも分かるよ。」

　先輩はホッとした表情になって快く引き受けてくれた。

「これは脅迫ではなく、お願いだよね？」

　心の中でそう確認しながら自席に戻り、紅緒は安堵《あんど》した。

　このくらいの頼み事も苦手で、これまで、全部自分でなんとかしようとしてきたのだ。実は紅緒も内心ドキドキしていたのだ。

Training 47

「待つ」トレーニング

　その夜、飲み仲間の先輩たちと飲みに出かけた。前から気になっている人気店が会社のす

ぐ近くにあるのだが、並ぶのが苦手な紅緒はその店を避けていた。

しかし、今日はトレーニングの日だ。頑張って並んでみようと先輩たちに提案した。

「え？ 並ぶの？ ほんと？ 珍しいね。でも、お腹すいたからさ、1軒目はほかの店にしない？」

先輩のひとりが提案した。一番後輩の紅緒だが、ここでも彼女は女帝だ。

「ここけっこう回転が速いらしいんですよ。それに食べたいものいっぱいあるから並びましょ？」

そう言われてしまえば先輩たちも従うほかない。

席が用意されるまでの20分程度、4人で最初に何をオーダーしようか、この店のお薦めは何なのか、2軒目はどこに行こうか、などを話していたらあっという間に過ぎてしまった。

こんな調子なら待つのも悪くないな、と紅緒は思った。

「待つ」ということが嫌いだった。その間手持無沙汰になるし、時間の無駄だと思っていた。

しかし、それもこうしておしゃべりしながら過ごせばあっという間だ。女子たちが人気スイーツ店の行列に1時間並ぶ気持ちが少しだけ理解できたような気がした。

空腹は最高の調味料とはよく言ったものだ。

その店の料理はなんでもおいしく感じられ、先輩たちとのくだらない話にも花が咲いた。

しばらくすると先輩のひとりのスマホに連絡が入った。

「ひとり追加なんだけどいいよな？ あいつが来るってよ。」


例のチャラい先輩が現れた。

席に着くなり紅緒のグラスにスパークリングワインを注いで、いきなりこう言った。

「楠、なんか最近、きれいになった？」

さすがプレイボーイと言われるだけのことはあって、そんなセリフをさらりと口にする。

しかし紅緒はどう反応していいか分からずスルーしてしまった。

すると別の先輩も「ああ、分かるかも。なんか最近女子っぽいかもな？」と続ける。

「それってセクハラじゃね？」と言いながらまた別の先輩も「確かに！」と同調した。

紅緒は「もう、からかうのはやめてくださいよー！」と言うのが精いっぱいだった。


思い返せば女帝だの姐さんだのと言われてはきたが、女性として扱われた記憶はなかった。

でも、嫌な気持ちが全然しないどころか、むしろすごくうれしくなり、胸のあたりが熱くなった。これもマスターの宿題をやっている成果なのか？ と思ってみる。

改めて5人で乾杯してよもやま話に花を咲かせる。

チャラい先輩はしょうもない話をして場を盛り上げる一方で、誰かが話し始めたらそれを真剣に聞きながら相槌を打つ。誰かがボケればすかさずツッコミを入れるし、場が少しでもシラケてきたら自分が道化役になってみんなを楽しませる。ニコニコしながらも周りへの配慮を欠かさず、店の人にも丁寧に接している。

紅緒は笑いっぱなしでお腹が痛くなるほどだった。

こんなに笑ったのはいつ以来だろう？


遊び人という噂だけどほんとうはすごく気を遣っている人なのかもしれない。仕事ができ、上司からも部下からも信頼されている理由を垣間見《かいまみ》た気がした。

そして、紅緒はいつか彼とふたりで飲みに行ってみたいと思い始めていた。

「相談したいことがあるんです。今度、飲みに連れて行ってもらえませんか？」

少し震える手でチャラい先輩にラインを送った。

しばらくして彼がそれに気づいたらしい。紅緒の方を見てにこっと笑ってくれた。

7月15日

姫。

例のチャラい先輩からは飲み会が終わるとすぐに連絡がきた。

「いつ空いてる？土曜の夜なら都合付けられるけど平日の方がいい？俺、来週、インドネシアなんだ。」

プライベートな予定なんてない紅緒だったから、土曜の夜で異論はなかった。むしろ、平日の方がイレギュラーなことが起こりやすい。

紺やグレーの服で占められた紅緒のクローゼットで、異彩を放っていたスカートの出番が早くも来た。ここしばらく、どこに穿いていけばいいのかずっと考えていたものだった。

１週間分の洗濯をし、軽く部屋を片付け、ついでに積み残していた仕事を片付けて家を出た。

最近は朝の目覚めも良くなっていたが、予定のない土曜日はなかなか起きられないことも多かった。

先輩との待ち合わせまでまだ時間があるが、たまにはゆっくりコーヒーを飲みたいと思った。もちろん、本音はマスターと話がしたいのだが、さすがに土曜日の夕方にそれは無理だろう。

予想通り店は混雑していた。

入り口に近いカウンター席に腰を下ろすと「今日はホットだけで」とオーダーした。

店内に漂うコーヒーの匂いを森林浴をするかのように吸い込みながら、頑張ってきたことリストでも作ろうか、とノートを開いた。

20代の頃の記憶をたどり、あの頃は仕事ばかりを頑張ってたな、と思った。同い年くらいの女性が恋愛だの結婚だのと騒いでいる間、ひたすら会社にこもっていたのだ。

もちろん、紅緒は恋愛経験がないわけではない。けれど、今思えば彼らのことよりも仕事の方がはるかに重要だったのだ。

「申し訳ないことしたな。」

紅緒は心の中でその人たちに謝った。

「今日はまた珍しい恰好ですね。デートでしょうか？」

一瞬マスターの言葉の意味が分からないほど紅緒は最近男女関係とは無縁だった。そうか、客観的に見ればデートに行くように見えるよな。今どきのかわいいスカート穿いてるんだから。

紅緒は視線を膝に落として「やっぱ慣れない。下半身が別人みたい」と思った。それくらい自分が女であることを忘れて生きてきたのだ。

「もう1番にこだわること、誰かと競争することが嫌になってきたんです。最近、頑張らなくなっていて、仕事へのやる気がだんだんなくなってきているのかも……。」

ほかのお客さんに聞こえないように紅緒はマスターに相談してみた。

マスターはいつもの穏やかな優しい口調で答えてくれた。

「紅緒さんの女性性もずいぶん解放されてきたみたいですね。そんなことをおっしゃるとは。ネガティブな競争はほんとうに疲れますからね。それに今まで紅緒さんは誰かに勝つこと、1番になることをモチベーションに頑張ってこられたでしょう？だから、そうやって競争心がなくなると、頑張る理由もなくなってしまうんですよね。」

「それじゃ困るんですよ。仕事自体はやりがいがありますし、他ではできないことをさせてもらっているわけですから。」

「ええ、もちろん私もそう思います。だから、頑張る動機を変える時期なのでしょう。1番になるために頑張るのではなく、別の目的のために頑張るんです。」

「別の目的？」

紅緒はその言葉を反芻してみたが何も浮かんでこなかった。無理もない、かれこれ30年も

１番になることだけが目的だったのだから。どうしたら新しい目的なんて見つかるのだろう？

「１番になりたいという目的は時に他人軸になりやすいのですね。常にライバルを意識してしまいますから。だから、新しい目的は自分軸のものがいいですよね。そのためには自分という人間の特性をもっと知る必要があります。自分が何が好きで、どういう長所があって、どんなことに情熱を覚え、逆に、何ができなくて、興味がないものは何か、みたいなことを考えてみるわけです。」

「ああ、ゲームとかアニメとかのキャラ設定みたいなものですね。」

「そうです、そうです。紅緒さんのその頭の回転の速さは大きな長所のひとつですね。ほかにも様々な特性をお持ちだと思うのです。」

「そうすると新しい目的が見つかるんですか？　それを見つけていくことですね。」

「そうですね。自分が何を頑張りたい人なのか、が見えてくると思います。自分らしい生き方がなんとなく分かってくるのです。」

「人に聞いてもいいんですよね？」

紅緒はとある人物を頭に浮かべながら聞いてみた。

「ええ、もちろんです。私たちは自分のことが一番分かっているようで分かっていないものですから。そのためにまずひとつ、その競争を手放す質問をさせてもらえればと思います。」

Training 48

誰に負けを認めればいいのだろう？

紅緒はすぐに答えが分かってしまった。

「お父さんだし、お兄ちゃんだし、学生時代の同級生だし、職場の人たち、みんなですね。でも、なんかそれは屈辱的な感じがしますね。」

「ええ、ただ、この質問は、競争をもう手放します、リングから降ります、と宣言するイメージなんです。」

分かったような分からないような感じだが、もう誰かと競うのは嫌だという思いが強くなっていた紅緒は素直に「とにかく負けを認めればいいのね」と合点した。

「お父さん、私の負けです。今まで勝手に競争してしまってごめんなさい。ほんとうは私、お父さんのこと大好きでした。」

「お兄ちゃん、私の負けです。今まで勝手にライバル視してすいません。お兄ちゃんにも素晴らしいところがいっぱいあります。」

そんなセリフがすらすらと紅緒の頭に浮かんできた。

そうして、コーヒーを飲みつつ、頭に浮かんだ人たちひとりずつに負けを認め、謝罪をしていった。

そうしていくうちに「もう戦わなくていいんだ」という気持ちがどんどん心に広がっていった。涙が出たらどうしようと思っていたがそれは杞憂だった。むしろ、どんどん心が軽くなり、晴れやかな気持ちになっていくのだった。

「もしかしたら私、もうとっくに争うことに疲れていたのかもしれません。」

「そうですね。もしかすると紅緒さん、元々そんな好戦的なキャラではなかった可能性もありますね。戦わなければならないから戦ってきた、みたいな。」

そうかもしれない。幼稚園の頃のアルバムを開くと兄や近所の子と遊んでいる写真ばかりが貼ってある。ただ、その遊び仲間は男の子ばかりで、遊び方も男の子っぽかった。そして、今も飲みに行く仲間は先輩男子ばかりだ。

「私って子どもの頃から男っぽかったんですね。」

苦笑しながらマスターに伝えると、彼は少し考えて今まで以上に真剣な表情で聞いてきた。

「確かにそうとも言えますが、例えば、今、先輩方と飲みに行かれる時、お支払いとかは割り勘ですか？どこに行くかは皆さんで相談して決められるのですか？」

「いや、お前は一応後輩だからってたいていおごってもらえますし、お店は私の希望を優先してもらえますよ。」

「子どもの頃はどうでしたか？」

「あんまり覚えてないですけど、その頃から私がしたいことをみんなで一緒にしていたような感じだったかな。」

「みんな紅緒さんに合わせてくださっていたんでしょうか？」

「そうですね。でも、それって私が怖いからですよね？女帝って言われてるくらいですから。子ども時代から気は強かったですからね。」

「果たしてそれだけでしょうか？そんなに皆さん、紅緒さんに気を遣われてますか？」

「多少は気を遣ってくれてると思うのですが、よく『おい、女帝！』とか呼ばれて軽く扱われてますよ。」

「うーん。もしかすると紅緒さん、『姫』なんじゃないかと思ったんです。みんなに愛され、守られ、何もしなくてもみんなが支えてくれるような存在です。」

「え⁉姫？」

つい大声を出してしまって、すいません、という表情でほかのお客さんの方に目を向けた。

不思議なことに先ほどまで混雑していた店内は紅緒とマスターを除いて誰もいなかった。

「皆さま、お帰りになりましたよ。」

「嘘。そんなはずはないでしょう？あそこに座っていた方、ついさっき見たらホットケーキが半分くらい残ってましたよ。どういうことなんですか？」

マスターはニコニコしながらその言葉を受け止めた。

「そういうお店だと思っていただければ。これで心置きなくお話ができるでしょう？」

例の、お腹に直接響いてくる声だった。

これ以上は追及しない方がいいらしい。


「姫というのはさすがに……。」

「ええ、すぐに受け入れるのは難しいでしょう。私だって意外に思いましたから。だから、しばらく頭の中に留め置いてください。もし、姫という才能をお持ちであれば、きっといろいろなところでその証拠が見つかるはずですから。」

「でも、私が姫なんて信じられないなあ。姫なのに全然頼らないし、甘えられないし、なんでもひとりでやっちゃいますよ。」

「ええ、よくあるんです。ほんとうは姫なのに城を抜け出して町に出て、庶民のふりをしている人が。紅緒さんの場合は町に出たんじゃなくて、軍隊に入られたのかもしれませんが。」

「ははは。それは間違いないです。たぶん、私、軍隊に入ってたら精鋭部隊ですよ。」

Training 49

甘え上手なムカつく後輩を今日から「師匠」と呼ぶことにする

「紅緒さんの周りに甘え上手で要領のいい後輩っていませんか？」

「まあ、うちの部下もそうだし、協力会社にもそういう人はいますね。」

「どう思います？」

「仕事では私の敵ではないですから相手にはしないのですけれど、そういう態度にはとにかくムカついちゃいますよね。」

「では、ぜひ、その方々を今日から『師匠』と呼んでください。」

「えっ⁉」

また大声が出てしまった。すいません、と周りの人に謝ろうとして、そういえば誰もいなかったんだ、と思い出して安堵した。

「心理学では『シャドウ（影）』と言います。専門的には『生きられなかったもうひとりの自分』という意味です。

人は成長する過程である部分を残し、ある部分を隠して生きるようになります。

自分がいる環境に適応するために行うことで、誰もが少なからずやっていることです。

そして、その隠している部分を出している人を見ると私たちは嫌悪感を持つんです。

『その部分を出したら愛されない、嫌われる』と思って隠してきたわけですから、当然ですよね。


具体例を紹介しましょう。

子どもは誰でも『甘えたい』という気持ちを持ちますね。

でも、家庭環境によっては甘えられないこともあるでしょう。

そうするとその子は『甘えたい』という気持ちを隠して、『自分ひとりでなんでもやる』という生き方を選びます。

でも、その隠した気持ちはなくなったわけではなく、心の中の奥深くにずーっとあり続けるんですね。

すると『甘え上手な人』が目の前に現れると、すごく嫌悪感を覚えるんです。

『私がずっと甘えたい気持ちを我慢しているのに、なんであなたはそんな堂々と甘えているの！』と怒りを感じるんです。

この場合、その『甘え上手な人』が『シャドウ（影）』になるわけです。

ただ、それだけ許せないと思える『甘え上手な人』が紅緒さんのシャドウだとすると、紅緒さんの中には『甘えたい』という強い願望が今もあるということなのです。

つまり、ほんとうは誰かに甘えたい紅緒さんが今ここにいらっしゃるということなのです。

だから、ずっと昔に隠してしまったその『甘えたい自分』を解放してあげることが課題となります。

そのために、甘え上手な人を『師匠』と呼んで、お手本にしてください、ということなのです。」

紅緒はマスターに父を投影していると気づき、マスターが自分の味方であることに自信を持ってから、その言葉に反発する気はなくなっていた。

大げさに言えば「大好きなお父さんが私のために言葉を伝えてくれている」と思っている。

「師匠ですか。なんか負けを認めるのよりずっと抵抗がありますね。」

「ええ、でも、ただ心の中で思うだけでいいです。師匠だからって荷物持ちをしたり、ごはんの仕度をしたりしなくても大丈夫です。元々自分の中にあるものですから、その人たちを

否定せずに受け入れるだけで、隠してきたものが自然と表に出てくるようになるんです。」

「そういうものですか。形からでもいいんですか？心が伴っていなくても。」

「ええ、これは形から入っていただいて大丈夫です。でも、紅緒さん、今日はなんだかとても素直な感じがするのですが。」

「元々素直なんです。たぶん。勝ち負けにこだわってた頃はいつも反発してましたけど。」

「人ってほんとうに変わりますよね。では、そんな従順で素直な紅緒さんに最後の宿題を出しましょう。」

そう言ってマスターはいつものようにコーヒー豆の発注書の裏にしたためたメッセージを渡してくれた。

Training 50

舟に乗って川を下っていくイメージワーク

あなたは大きな川に浮かぶ小さな舟に乗っています。

川幅は広く、空は青く、両岸に緑が生い茂る豊かな大地の中をその川はゆったりと流れています。
あなたが乗る舟にはオールもなければ、エンジンもありません。
それどころか舵もありません。
あなたはただ流されるままに川を下っていくのです。
だから、ただその流れに身を任せるしかありません。
何をしましょうか？
空に浮かぶ雲を眺めましょうか？
心地よい風を感じながら風景を楽しみましょうか？
ごろんと横になってお昼寝をしましょうか？
そのまま流れにただただ身を委ねてその旅を思い思いに過ごしてください。

7月15日 夜。梅雨明け。

紅緒は地下鉄のいすに座りながらマスターからの最後の宿題をイメージしていた。

「ただただ身を委ねる。」

この言葉に初め恐怖心を覚えたが、電車の揺れに身を任せているうちに「こんな感覚かな？」と納得した。舟を自分でコントロールしようとすると恐れや不安が出てくるが、「なるようにしかならない」と腹をくくればむしろ面白くなる。その違いが発見だった。

そして、自分は今までずっとオールを握りしめ、舵を巧みに操りながら急流を下るようなイメージで人生をとらえていた。どこに岩場があるか、滝が現れるのではないか、常に緊張して舟を操っていたのだ。

しかし、もしかしたら自分の人生も優雅に流れる大河なのかもしれない。

そう思うとロングシートに体が沈んでいくような、心地よい感覚がやってきた。

「相談ってなに？」

待ち合わせたバルに相変わらずチャラい雰囲気で先輩がやってきた。30分ほど待つ間に紅緒は2杯目のグラスワインを空けていて、少しほろ酔い気分になっている。

「あのー、私ってほんとうは何がしたいんでしょうか？」

「は？知るか。そんなの自分で考えるもんだろ？」

「えー、でも、先輩の意見もお聞きしたいんです。教えてくださいよー。」

「なんだ、お前もう酔ってるのか？なんかいつもと違いすぎるぞ。それになんだ、スカート穿いてるじゃねえか？そんなの持ってたのか？」

「そうなんです。私、女の子になったんですよー。それはいいんですよ。私、仕事を頑張るための新しい目的を見つけなきゃいけないんです！ねえ、先輩、なんだと思います？あ、とりあえず何飲みます？ビールですか？」

紅緒はスタッフに生ビールと3杯目の白ワインをオーダーした。

「ボトルにすれば良かったかなー。どうせ先輩も飲むでしょう？」

いつもと勝手が違うことにさすがのプレイボーイも押され気味だった。

「そうだなー、楠って周りをやる気にさせる力があるんだよな。前のプロジェクトで楠の担当分が終わって別のプロジェクトに異動になっただろ？そのあとなんかチームがちぐはぐになって、みんな不思議なほどテンションが下がってたんだよな。それで、楠がいなくなっただけでこれだけ変わるのか、あいつはいったい何者なんだ？と思ったもんな。」

「え？それってどういうことですかー？あの時の私はぺーぺーもいいところで大した戦力にもなれなかったですよ。」

「そういうことじゃないんだよなー。まあ、なんとか俺たちについてこようと必死になって頑張ってたのは知ってたけど、仕事ができるできないじゃなくて、なんていうかな、楠の存在がそうさせてるとしか言えないんだよな。」

「えー、そんなのよく分からないですよー。もっと分かるように教えてくださいよー。」

「なんか、今日はやたら絡んでくるな。大丈夫か？」

「全然大丈夫です！今日はすごく気分がいいんです！で、それってどういうことなんですか？」

「とりあえずメシ頼んでいいか？俺、昼飯まともに食えなかったから腹減ってるんだ。」

「いいですけど、ちゃんと相談には乗ってもらいますからね！」

先輩はメニューを見ていくつかのフードをオーダーしたのち、「うーん」と言いながら腕組みをして天井を眺めていた。

「楠って頭がめちゃくちゃ良くて呑み込みも早い上に、とにかくまっすぐに突き進むんだよな。その情熱に周りが影響されるのかな？楠が一生懸命やってるから周りの俺たちもつい前のめりで頑張っちゃうところがあるのかもな。そのスピード感もすごいしな。」

「へー、そうなんだー。なんかすごく褒められた気分。」

「だからな、楠は早くリーダーになれ。それでふつうに仕事しろ。そうするとそのチームはすごく活性化されて早く結果を出すようになる。」

「でもね、先輩。最近、ちょっとやる気がないっていうか、前みたいに猛烈に頑張るぞ、って気持ちが減っちゃったんですよ。それがほんとうに相談したかったことなんですー。」

「いやいや、それでいいと思うぞ。リーダーが前の楠みたいに競争心丸出しで猛烈に頑張ってたら周りはついてこれない。むしろあんまり頑張らなくてもいいんだ。極端な話、そこにいてくれるだけでいいのかもしれない。」

「えー、そんなのでいいんですか？リーダーになったら今まで以上に頑張らなきゃいけないと思ってましたー。実はこの間、事業部長からそんなお話いただいたんです。来年の春から全社横断で若手を集めたプロジェクトを立ち上げるからそれを仕切ってくれないか、って。でも、そんな頑張れるかな？って不安になってたんですー。」

「そりゃ、今までみたいにめちゃくちゃ頑張ってたらすぐつぶれるぞ。むしろ、力を抜いて適当にやるくらいでちょうどいいんだ。」

「あ、それって自分自身のこと言ってます？」

「お、よく分かったなー。チャラいだのプレイボーイだのって思わせておいた方が部下は頑張るんだ。自分がしっかりしなきゃいけないって思ってくれるからな。だから、みんなのモチベーションを上げるために頑張ることにしたんだよ。俺はこう見えて交渉力には自信があるから他部署との調整を引き受けて、部下には自分の業務に集中してもらってるんだ。」

みんなのモチベーションを上げる役割。

他部署との調整役。

紅緒はわくわくしてきた。

「師匠‼そう呼ばせてもらっていいですか？私もそうなりたいです。」

マスターが提案した師匠とは違う意味での「師匠」だが、紅緒は生まれて初めて「この人みたいになりたい！」と思った。

たぶん、この人には敵わない。けれど、この人を目指したい。

先輩は少し照れながら「まあ、いいけど。勝手にしな」と答えた。

「わーい。そうしますー。師匠、時々レクチャーしてくださいね！いっぱい質問したいこと出てくると思うんで！よろしくお願いしますっ！でも、具体的にどうしたらいいのか分かりません！」

「やっぱ楠、酔ってるだろ？まあ、いいけど。でも、そのいるだけで周りをやる気にさせるってめちゃくちゃすごい能力だぞ。リーダーの才能があるってことだからな。」

「そうなんですか？リーダーって、俺についてこい！ってタイプだと思ってました。」

「ああ、それはもう古い時代のリーダーだ。今の時代のリーダーはもっと種類が多い。その人自身は何もしなくても、チームがやる気になるならそれは最高のリーダーだ。」

紅緒はマスターが「姫」と形容してくれたことを思い出していた。もしかして、言い方は違うけど同じこと？

そして、1番になることに代わる頑張る目的が早くも見つかったような気がしてうれしくなった。

先輩に言われて気づいたけれど、自分はみんなと楽しく何かをするのが昔から好きだった。今も先輩たちに誘われて飲みに行くのが大好きで、だから翌日に響くと分かっていても夜中まで飲み歩いてしまうのだ。

「なんか分かったような気がします！うれしいです！ありがとうございます！さすが師匠！さあ、飲みましょ！次は何にします？ワインですか？」

気がつけば圧倒的に場慣れしているはずの先輩をぐいぐい引っ張っている紅緒がいた。

「そういえば、飲んでる時の楠ってほんといつも楽しそうだな、と思ってたんだよな。俺の同期とよく飲んでるだろ？あいつも言ってたもん。楠がいると帰る気になれなくていつも遅くなるって。」

「え、そうですか？それはうれしいです。で、師匠何飲むんですか？」

「なんか調子が狂うな。こんな風に俺を扱える奴ってあんまりいないぞ。」

紅緒はとことんご機嫌だった。こんなに晴れやかな気分になったのはいつ以来だろう？頑張るための新しい目的が見つかり、目指すべき具体的なポジションもイメージできた。師匠と言える人と出会えたし、その人はこんなにも自分の能力を評価してくれていた。すでに仕事へのモチベーションは復活し、内々に打診されていたプロジェクトへの参画も楽しみになってきた。とりあえず目の前の仕事を片付けなければ！すぐにでも職場に行きたい気持ちだった。

もちろん、まだ紅緒は恋心の芽生えには気づいていない。

一方、経験値の高い先輩は、自分が紅緒のことを意識していることに気づいていた。

「2軒目行きましょ！」

先輩がお会計を済ませ、外に出ると紅緒は躊躇《ちゅうちょ》なく先輩の腕に自分の腕を絡めて誘った。

もうすっかり紅緒の術中にハマったチャラい先輩はその影もなく2軒目に連行されていく。

夜空を見上げて彼は「なんか梅雨明けしたっぽいな」とボソッと言った。

真夏の風がふたりを後押しするように吹いてきた。

エピローグ

店主より皆様へ

いつもご愛顧ありがとうございます。喫茶店のマスターを務めさせていただいている者です。

今回は当店によくお越しいただく3人の女性のお話をさせていただきました。

以前より、不思議と人生の岐路に立たれた方が訪ねてくださることが多く、私も微力ながらお話を伺い、時には偉そうにアドバイスもさせていただきました。

私も若い頃は人に迷惑をかけてばかりおりまして、それを師匠に救っていただいたものですから、この店を預かってからは悩みを抱えた方がいらっしゃったら少しでもお力になりたいと思って参りました。

芽依さんはご近所にお住まいですから今も時々顔を見せてくださいます。

時には娘さんやご主人もいらしてくださり、いつもホットケーキを召し上がります。ご主人が甘党でいらっしゃるようでとても気に入ってくださって、ひとりでもお見えになります。

娘さんのたっての希望もあり、今はふたり目を作ろうとなさっているようです。早くできるように私もお祈りしています。

お仕事の方は大変順調なようで、うまく周りをサポートするポジションにつき、会社からさらなる信頼を得られているようです。この春には昇進されたそうで「部全体のお母さんみたいな役割なんです」と喜んでいらっしゃいました。

そう、お母さまとも最近は関係が良くなったそうで、時々娘さんの面倒を見に来られているようです。うちにも2、3度いらしてくださいました。

卯月さんはワーキングホリデーで海外に暮らしていらっしゃいます。ずっと悩まれていたのですが、あの方は後方待機部隊でいらっしゃるので決断するまでは時間がかかりますが、一度腹をくくったら行動は早く、力強いものです。

時々写真付きでメッセージを送ってくださいます。慣れない海外の生活で、言葉の壁も当然あるわけですけれど、ほんとうに頑張ってらっしゃるようです。いい意味で顔つきがたくましくなり、大人になられた気がしております。

ワーキングホリデーの期間が終わったらどうしようか悩まれているようですが、もしかしたらそのまま海外に住まわれるかもしれません。

人生ってどうなるかほんとうに分からないですね。

紅緒さんはこちらに仕事で来られることがなくなったので今まで通りというわけにはいきませんが、時々ひょこっと顔を見せてくださいます。

雰囲気がものすごく変わられましたね。最近はもう華やかな女性らしいファッションばかりで、ちょっとしたいいところのお嬢さんみたいです。おそらく彼女本来の姿はこちらなのでしょうね。

仕事は重要なポジションに抜擢《ばってき》されてやる気に満ちていらっしゃいました。一瞬、不眠不休でお仕事されるのでは？と危惧しましたが、むしろ積極的に休みを取られているようですし、もう心配はいりませんね。

何でも恋人ができたそうで、結婚を考えているとか。けれど、今の家がお互い気に入っているので当面は通い婚になるそうです。まさに現代風ですね。

そういえば、紅緒さんのお友達が何人もお店に来てくださいました。最近よく集まってらっしゃるようで、そこで当店の話題を出してくださったそうです。

それぞれ道は異なりますが、どの方も自分らしい人生を歩み始められたようで、私としてはそれが大変うれしく思います。

先ほどもご主人との関係に悩まれている女性のお話を伺っておりました。なんとか自分を取り戻していただきたいと思ってアドバイスをさせていただいたところです。

　これをお読みの皆さまも人生の岐路に立ち、悩まれているのであれば、ぜひ当店にお立ち寄りください。コーヒーの香りや味は心を休めてくれますし、ホットケーキの甘さは心に喜びを与えてくれます。

　その際に、少しでも気が楽になるのであれば私がお聞きいたしますので、ご遠慮なく自由にお話しくださいませ。

　なかなか人に頼ることが苦手な方も多いように存じますから、当店のような場所があることで少しでも皆さまのお役に立てればと思っております。

２０２５年春　店主

あとがき

本書でご紹介した3名の自立系武闘派女子の皆さまは、私のお客様たちをモデルにさせていただきました。

「あれ、これ、わたしのことじゃない？」とびっくりされた勢いで「おいおい、どないなっとんねん！無許可であたしの話をするんじゃねえよ！」と私のオフィスに怒鳴り込んでこられませんことを祈りつつ、上梓いたします。

もちろん、特定のどなたかをモデルにしたわけではなく、似たようなキャラの方々を集めておりますので、個人情報等には一切抵触しませんことをお伝えしておきます。

武闘派という言葉を使っているものですから、一見、すごく怖いお姉さま方を想像されるかもしれませんが、私が知る限り、彼女たちは時に男性的にふるまったとしても、女を捨てているわけではなく、女性としての魅力も十分お持ちです。

「なんで幸せになれないんだろうね？」とカウンセラーである私自身が悩んでしまうほど魅力的なのです。

しかし、そんな方々にもやはり問題はあるものでして、様々な事情のもと、自分らしい自分を見失い、自分らしくない自分を無理して演じて生きているがゆえに、歯車が狂ってしまっているのです。

だから、私の仕事はそんな歯車のずれを修正し、本来の自分らしい自分の姿を明らかにしていくことだと思って活動しています。

この3人の物語を通じて皆さまが自分と向き合って「自分らしい自分って何だろう?」と考えるきっかけになり、主人公たちと共に幸せになっていくことを祈っております。

著者／根本裕幸

PROFILE：心理カウンセラー。1972年生まれ。2000年からプロカウンセラーとしての活動を始める。今では延べ2万人以上のカウンセリングと年間100本以上のセミナーを行う。2015年4月よりフリーのカウンセラー、講師、作家として活動を始める。現在は東京・大阪・オンラインを中心にセミナーやセッションを行うほか、不定期で名古屋・福岡・札幌・仙台・広島・那覇などにも活動の幅を広げている。著書に『「もう傷つきたくない」あなたが執着を手放して幸せ」になる本』（Gakken）『そのままのあなたが、絶対かわいい。「できない自分も好きになる30のほめ言葉」』（PHP研究所）など多数。

装丁／tobufune
装丁イラスト／サトウリョウタロウ
本文デザイン／朝日メディアインターナショナル株式会社
本文イラスト／スライス・ヨーコ・めじくろー
校正協力／Letras
編集／片山土布
制作／久保結菜・渡邊和喜・遠山礼子
販売／金森悠
宣伝／山崎俊一

**ひとりで生きちゃう武闘派女子が
頼って甘えて幸せになる50のトレーニング**

2025年2月4日　初版第1刷

著　者　根本裕幸
発行人　石川和男
発行所　株式会社小学館
〒101-8001　東京都千代田区一ツ橋2-3-1
編集　03-3230-5446
販売　03-5281-3555

印　刷　萩原印刷株式会社
製　本　株式会社若林製本工場

　ISBN978-4-09-389182-0